DER SHIBA INU 柴犬

Erziehung, Training, Charakter von Shiba Inu – Das Shiba Inu Buch

Mein Hund fürs Leben Ratgeber

Inhaltsverzeichnis

Abbildungsverzeichnis

Einleitung

Der knuffige kleine Hund aus Japan schleicht sich in nahezu jedermanns Herz – der Shiba Inu. Neben seinem ebenso weichen und schönen japanischen Vertretern in der Hundewelt ist er der kleinste der traditionellen Rassen. Besonders durch seine Größe von max. 40 Zentimetern erfreut er sich sowohl in der Stadt als auch auf dem Land an besonderer Beliebtheit und das weit über Japan hinaus. Obwohl sie so klein sind, wirken Shiba Inus aufgrund ihres muskulösen Körperbaus sehr majestätisch und sie sind auch aus den sozialen Medien kaum noch wegzudenken.

Doch die schönen Tiere sind auch eine ganz eigenwillige Hunderasse an sich. In ihrem Ursprungsland Japan haben Sie in den kalten Bergen vieles von ihren wölfischen Vorfahren behalten, was bis heute in ihnen steckt. Das macht sie zu perfekten Begleitern für aktive, sportliche und naturliebende Menschen. Jedoch führt dies auch dazu, dass die kleinen Hunde einen starken eigenen Willen haben und immer eine gewisse Unabhängigkeit an den Tag legen.

Neben seiner Geruchsneutralität und seiner peniblen Sauberkeit ist besonders das buschige, farbenfrohe Fell des Shiba Inus ein absoluter Hingucker. Dennoch bleibt er eine Herausforderung, auch für erfahrene Hundebesitzer und Trainer und sie werden oft nicht für Einsteiger empfohlen. Bevor Sie nun das Buch ernüchtert wieder zuschlagen – ist das alles eine Sache der richtigen Grundlage und Erziehung. Für Anfänger mag dies ein wenig schwieriger sein. Es ist aber dennoch zu meistern.

Es ist jedoch nicht abzustreiten – der Shiba Inu ist eine Klasse ganz für sich! In diesem Ratgeber werden Ihnen deshalb die wichtigsten Punkte über das Leben mit einem Shiba Inu mit auf den Weg geben. Hierzu werden unter anderem folgende Aspekte behandelt:

- Den Werdegang des Shiba Inus und seine Herkunft
- Charakterzüge, Rassemerkmale und Verhalten
- Erziehung eines Shiba Inus, auch mit grundlegenden Tipps für das Kommando-Training für Anfänger
- Haltung und optimale Fellpflege
- Alles rund um den Welpen: von einem guten Züchter über Hundesteuer und Impfungen bis hin zur Welpenschule und Sozialisierung
- Ernährung eines Shiba Inus und das Prinzip der BARF-Fütterung für Anfänger

So möchte sich dieser Ratgeber nicht nur an erfahrende Hundefreunde, sondern auch an Neueinsteiger optimal richten und die beste Unterstützung geben.

Herkunft und Hintergrund

Der Shiba ist eine traditionell japanische Hunderasse. Er wird bis zu 40 Zentimeter groß und ähnelt mit seinen Fellfarben und dem schmalen Kopf einem kleinen Fuchs. Der Name setzt sich aus zwei japanischen Kanji zusammen, welche gemeinsam den traditionellen Shiba Inu ergeben: 柴犬.

柴 **Shiba** hat in diesem Zusammenhang keine festgelegte Bedeutung, jedoch gibt es mehrere Theorien über den Ursprung im Zusammenhang mit der Hunderasse. Einerseits wäre es möglich, dass es sich vom japanischen 柴赤 – **shiba-aka** ableitet. Dies ist der Name eines rötlichen Brauntons, welcher oft mit dem Fell des Shiba Inus in Verbindung gebracht wird. Jedoch wäre auch eine Assoziation mit dem Ort 柴村 – **Shiba-mura** in der japanischen Gegend Nagano eine mögliche Erklärung. Zu guter Letzt könnte es sich zudem aus dem traditionell japanischen Ableiten und schlichtweg für 柴 – **shiba**, also für etwas Kleines, wie einen kleinen Hund, stehen. Da der Shiba Inu die kleinste der traditionellen japanischen Hunderassen ist, ist diese Erklärung sehr naheliegend.

犬 **Inu** steht im japanischen Schriftsystem lediglich für Hund. Aus diesem Grund haben nahezu alle traditionellen japanischen Hunderassen ein Inu an ihren Namen angehängt.

Die ersten Aufzeichnungen aus dem Jahr 300 v. Chr. belegen, dass es den kleinen Vierbeiner schon damals gab. Ursprünglich ist er in den Bergregionen Japans beheimatet, kommt aber auch am nahe gelegenen Meer vor. Shiba Inus wurde früher besonders zur Jagd von Vögeln oder kleinen Wildtieren eingesetzt. Die Hunde haben aufgrund ihres schlanken Körperbaus eine grazile Leichtfüßigkeit und können sich problemlos weit an das Wild heranschleichen. Zu Beginn des 20. Jahrhunderts wurde der Hundebestand jedoch deutlich dezimiert und die Rasse starb nahezu aus. Durch die Bombenangriffe erkrankten viele der Tiere an Staupe, welche unbehandelt tödlich endet. Staupe bezeichnet eine Viruserkrankung, welche auch Katzen oder Kleinbären befallen kann. Hohes Fieber und starke Schädigungen des Nervensystems sind die Folge. Nachdem das massive Aussterben der Rasse bemerkt wurde, begann das Land Japan ab 1928, aus den verbliebenen Tieren gezielt wieder eine stabile Rasse zu züchten. Im Jahr 1937 wurde der Shiba zu einem japanischen Naturdenkmal erklärt.

Trotz seiner vergleichsweise geringen Größe ist der Shiba Inu ein hervorragender und treuer Begleiter. Er ist sehr lebhaft, scharfsinnig und intelligent. Im Laufe der Jahre hat sich der Hund als ausgezeichneter Wachhund, aber auch Familienhund bewiesen. Ein gut trainierter Shiba Inu ist dementsprechend keine Gefahr für Kinder oder andere Familienmitglieder, sondern in jeder Hinsicht eine Bereicherung. Wenn Sie sich einmal als sein Rudelführer durchgesetzt haben, können Sie auf die Loyalität Ihres Hundes zählen. Mit seinem eigenen Kopf und Temperament ist er ein sehr selbstständiger Hund. Wie alle japanischen Hunderassen liegt auch beim Shiba die genetische Abstammung zum Wolf sehr nahe. Aber auch der Fuchs lässt sich hier erkennen, besonders, wenn es sich um ein Tier mit einem eher rötlichen oder orangenen Fell handelt, fällt dies verstärkt auf.

Heute ist der Rassehund auf der ganzen Welt zu finden, aber auch in Japan immer noch einer der beliebtesten Hunde.

Besonders häufig kann er jedoch in Amerika und Europa angetroffen werden. Die Verbreitung von Fotos auf sozialen Medien wie Instagram gaben dem süßen Vierbeiner noch einen zusätzlichen Aufschwung in den letzten Jahren. Dennoch wird er noch immer traditionell zur Jagd auf Vögel und Wild genutzt. Er hat sich aber auch dem Stadtleben sehr gut angepasst.

Charakter

Shiba Inus sind kleine, mutige Tiere. Sie sind voller Stolz und Eigenwillen. Dessen sollte man sich vor der Entscheidung für ein solches Tier bewusst sein. Der Vierbeiner hat ein ausgeprägtes Rudelverhalten und steht im Zweifel für sich selbst ein, wenn der Rudelführer das nicht tut. So versucht er gerne, die Dominanz zu übernehmen und stellt seine Menschen immer wieder vor Herausforderungen. Auch wenn er seinen Vertrauten gegenüber sehr verspielt und zuneigungsbedürftig sein kann, müssen Sie sich diesen Status erst erarbeiten. Haben Sie das geschafft, ist der Shiba ein guter Hüte- und Wachhund. Er sagt Ihnen sofort Bescheid, wenn eine fremde Person sich im Bereich seines Rudels aufhält. Ansonsten ist er ein Hund, der sehr wenig bellt.

Shiba Inus sind von vornherein sehr aufgeweckte und verspielte Hunde. Sie haben eine hohe Intelligenz und sind sehr eigenständig. Hin und wieder werden sie liebevoll als die Katzen unter den Hunden bezeichnet, da sie so sehr von dem Bild eines Hundes abweichen, welches die meisten Menschen haben. Der Shiba Inu an sich hat ein sehr dominantes Verhalten, welches er wieder und wieder gegen Sie ausspielen wird. Wenn Sie nicht jede Situation im Griff haben, übernimmt er eben Verantwortung für sich selbst. Besonders Rüden können hier bei der Sozialisierung einige Probleme bereiten und es wird zu Machtkämpfen kommen.

Wie bereits angesprochen, ist der Shiba Inu hervorragend als Wachhund geeignet. Er ist sehr aufmerksam gegenüber seinem Heim. Dabei würde er Sie nicht nur im

Zweifel gegen eine Gefahr beschützen wollen, sondern ist auch Fremden allgemein gegenüber skeptisch. Das bedeutet jedoch keinesfalls, dass er auf Unbekannte mit aggressivem Veralten reagiert, aber die Skepsis gegenüber neuen Menschen bleibt. Dabei hat er ein sehr feines Gespür für eine Bedrohung und weiß, welche Menschen eine Gefahr darstellen. Auch um das Verhältnis zur eigenen Familie müssen Sie sich nicht sorgen. Alles in allem sind Shibas familienfreundliche Hunde, die auch mit Kindern sehr gut klarkommen. Das Verhalten Ihres Shiba Inus gegenüber einem Kind liegt dabei bereits oft in der Erziehung zugrunde. Wenn Sie demnach einen Haushalt mit Hund und Kind planen, sollten Sie gerade in der Erziehung beispielsweise stark auf sitzende Kommandos achten.

Anderen tierischen Hausbewohnern steht der Shiba jedoch skeptisch gegenüber. Allgemein ist dieser Hund eher ein Einzelgänger, der sein Heim gern für sich allein hat. Wenn die Tiere jung aneinander gewöhnt werden, sind Shibas jedoch auch zu einem liebevollen Zusammenleben fähig bzw. der Shiba lernt, seine Mitbewohner zu tolerieren. Das größte Problem hier sind die Jagdinstinkte des Hundes. Er nimmt kleinere Tiere wie Katzen, aber auch andere Hunderassen als Beute wahr. In einem Hundepark oder bei Hundetreffen kann sich der Shiba jedoch wunderbar mit anderen Hunden ungezwungen verstehen. Hier ändert sich das Verhalten der Tiere jedoch manchmal nach ca. fünf Jahren. Wenn dem so ist, meiden Sie danach, wenn möglich, andere Hunde. Das muss Ihnen jedoch keine Sorgen bereiten, denn Ihr Hund möchte das selbst so. Shibas sind ohnehin eher einzelgängerische Tiere, respektieren Sie solche Entscheidungen.

Durch den nach wie vor erhaltenen Jagdtrieb befeuert, ist diese Mischung einmalig und sie erfordert einen Halter, der dazu passt. Aufgrund der eben genannten Charaktermerkmale wird der Shiba deswegen häufig nicht für Hundeanfänger empfohlen. Man könnte das Wesen dieses Hundes als selbstbewusst, aber dennoch in sich ruhend beschreiben. Er hat eine sehr starke und eigene Ausstrahlung und eine Persönlichkeit, der man Platz einräumen muss. Ein Hund mit einem solchen Selbstbewusstsein kann einem unerfahrenen Halter leicht über den Kopf wachsen und überfordern. Die Konsequenz und Strenge, die die Erziehung dieses Tieres braucht, fehlt auch zum Teil erfahreneren Haltern noch. Das bedeutet jedoch nicht, dass Sie auf keinen Fall mit einem Shiba klarkommen würden. Bei diesem eigenwilligen Wesen ist es dringend erforderlich, dass man eine gesunde Balance mit seinem Hund findet. Diese besteht im optimalen Fall aus einer liebevoll strengen Erziehung, mit der Sie sich eine natürliche Autorität erarbeiten.

Bei einer korrekten Erziehung durch eine strenge, liebevolle Hand erarbeiten Sie sich jedoch eine sehr innige und intensive Beziehung zu Ihrem Hund, welche lange halten wird.

Rassemerkmale

Beginnen wir jedoch erst einmal mit den Rassemerkmalen des Shiba Inus. Diese Rassemerkmale werden vom "Fédération Cynologique Internationale", kurz FCI, erfasst und herausgegeben. Hierbei handelt es sich um den weltweit größten kynologischen Dachverband mit Züchtern und Hundevereinen aus aller Welt. Die hier vergebenen Rassestandards für Rassehunde gelten in allen Mitgliedsländern.

In dem Eintrag des FCI über die Hunderasse Shiba Inu werden kurze und knappe Informationen zusammengestellt. Der Shiba ist dabei eine anerkannte Rasse seit dem 18.03.1964. Der aktuell gültige Standard dieses Dokuments besteht seit Oktober 2016.

Die **Klassifikation** sagt dazu Folgendes:
Gruppe 5 – Spitze und Hunde vom Urtyp
Sektion 5 – Asiatische Spitze und verwandte Rassen ohne
       Arbeitsprüfung

Der Ursprung dieser Hunderasse liegt in Japan. Die ursprüngliche Verwendung ist dabei als Jagdhund für Kleinwild und Vögel, aber auch als Begleithund.

Die Größe der Shiba Inus weicht zwischen männlichen und weiblichen Tieren leicht ab. Die festgelegte Widerristhöhe liegt bei Rüden bei 39,5 cm und bei Hündinnen bei 36,5 cm. Hier wird jedoch eine Toleranz von 1,5 cm in beide Richtungen toleriert.

Erscheinungsbild: Der Shiba Inu ist ein wohlproportionierter, kleiner Hund. Das kräftige Erscheinungsbild ergibt sich aus seinen ausgeprägten Muskeln und seinem stabilen Knochenbau. Die Bewegungen des Tieres sind sehr lebhaft und frei.

Kopf: Der Schädel des Shiba Inus bietet eine breite Stirn. Der Stopp ist deutlich ausgeprägt und hat eine leicht hervorstehende Furche.

Gesichtsschädel: Der Nasenschwamm ist schwarz und hat einen geraden Nasenrücken. Der Fang ist mäßig und die Lefzen sind straff. Der Kiefer beinhaltet kräftige Zähne, welche in einem Scherengebiss angeordnet sind. Die Backen des Hundes sind gut entwickelt.

Die Augen sind dreieckig und relativ klein, jedoch in der Proportion nicht zu klein. Die äußeren Augenwinkel sind dezent angehoben. Die Augenfarbe ist dunkelbraun bis schwarz.

Die Ohren sind jedoch verhältnismäßig klein und dreieckig. Alles in allem sind die aufgerichteten Stehohren leicht nach vorne geneigt.

Der Hals hingegen ist sehr kräftig und wirkt ein wenig dick, jedoch im Vergleich zum Kopf und dem Körper gut in Proportion.

Körper: Der Rücken ist sehr gerade und kräftig, wohingegen die Lenden breit und muskulös sind. Die Brust sitzt relativ tief und die Rippen sind mäßig gewölbt. Die untere Profillinie und der Bauch sind leicht aufgezogen. Die Rute ist hoch angesetzt, dick und zumeist gut eingerollt oder in sichelförmiger Haltung getragen. Wenn die Rute jedoch einmal hängen sollte, reicht sie fast bis zu den Sprunggelenken.

Das **Gangwerk** der Shibas ist als leichtfüßig und flink zu beschreiben.

Doch neben seiner zierlichen Größe zeichnet sich der Shiba auch durch seine Fellmaserungen aus. Das Deckhaar an sich ist hart und gerade, die Unterwolle hingegen ist sehr weich und dicht. Dies macht den Hund sehr anpassbar an verschiedene Witterungsbedingungen. Die Fellfarben dieser Rasse gibt es in den Varianten Rot, Schwarzloh, Sesam, Schwarz-sesam und Rot-sesam.

Die Farbe Sesam wird dabei speziell definiert, denn sie ist eine ausgeglichene und gute Mischung aus schwarzen, roten und weißen Haaren innerhalb des Fells. Schwarz-sesam ergibt demnach einen höheren Anteil schwarzer Haare als weißer, während rot-sesam eine rötliche Grundfarbe mit schwarzen Haaren gemischt meint.

Dennoch müssen alle aufgeführten Farben auch „Urajiro" beinhalten. Das bedeutet, dass vereinzelt festgelegte Stellen des Fells weißliche Haare aufweisen müssen, unter anderem der seitliche Fang sowie Bereiche an der Kehle, an der Brust und am Bauch. Jedoch sind auch die Unterseite der Rute und die Innenseiten der Gliedmaßen davon betroffen.

Natürlich kann es auch zu Fehlern in der Zucht kommen, welche zu Tieren mit leicht abweichenden Merkmalen führen können. Hierbei sollte jedoch vor dem Kauf überprüft werden, inwiefern diese Fehler das Leben des Tieres und seine Gesundheit beeinträchtigen können. Diese Fehler sollten Sie allerdings hauptsächlich beachten, wenn Sie sich einen oder mehrere Shiba Inus für die Zucht zulegen wollen.

Im Folgenden finden Sie eine Übersicht über mögliche Fehler bei der Zucht:

Fehler	disqualifizierende Fehler
mangelndes Geschlechtsgepräge	Aggression und übermäßige Angst
leichter Vor- und Rückbiss	physische Abnormalität Verhaltensstörungen
Vielzahl fehlender Zähne	
Ängstlichkeit	starker Vor- und Rückbiss, nicht stehende Ohren
Gescheckte Farben	hängende oder kurze Rute

Worauf sollte man achten, wenn der Shiba Inu zusammen mit Kindern lebt?

Leben noch sehr kleine Kinder in einem Haushalt, sollte man darauf achten, dass sie nicht zu ruppig mit dem kleinen Welpen umgehen. Sie könnten ihn versehentlich verletzen. Da nämlich der kleine Hund eine zarte Körperstruktur hat und nicht so kräftig ist, wie manch einer seiner Artgenossen. Natürlich müssen auch Erwachsene aufpassen, ihn nicht zu verletzen. Wichtig ist natürlich auch, dass – wie bei jedem anderen Hund auch – Kinder und Hunde niemals alleine zusammen sein sollten. Gerade Babys und kleine Kinder sollten nie ohne die Aufsicht von Erwachsenen mit einem Hund, auch nicht mit dem kleinen Inu, sein. Auch wenn er verschmust und verspielt ist, ist er immerhin noch ein Hund, der auch mal zubeißen kann. Kinder sind noch nicht in der Lage, Warnsignale des Tieres zu verstehen oder richtig zu deuten. Außerdem kann der Hund sich versehentlich auf das Baby oder Kind setzen.

Abbildung 1: Shiba Inu

Shiba Inu-Welpen

Bevor ein neues, flauschiges Familienmitglied bei ihnen zu Hause einziehen kann, bedarf es wie bei jeder Anschaffung eines Haustieres einiges an Vorbereitung und Informationen. Natürlich ändern sich die Bedürfnisse der Tiere im Laufe ihres Lebens und Sie müssen Ihr bestehendes Equipment gegebenenfalls erneuern und erweitern. In diesem Kapitel finden Sie alle Informationen rund um den Kauf eines Shiba-Welpen.

Zuallererst sei jedoch auch an dieser Stelle noch einmal darauf hingewiesen: Der Shiba Inu ist nicht unbedingt ein Hund für Anfänger, so zumindest die Aussage vieler erfahrener Hundehalter und Züchter. Die kleinen Japaner sind wahre Dickköpfe und brauchen eine strenge, aber ruhige Hand, die das Verhalten des Hundes unter Kontrolle bringen kann. Shibas sind sehr intelligent, wissen um ihre eigene Führungsstärke und übernehmen im Zweifel die Situation, wenn Sie merken, dass die Kontrolle nicht zu 100 Prozent fest vergeben ist. Gerade Hundeanfänger können sich davon schnell überfordert fühlen und so unbeabsichtigte Fehler machen. Eine inkonsequente Erziehung legt dabei leicht einen falschen Grundstein, der schwer wieder abzutrainieren ist.

Hinzu kommt, dass der Shiba vom Verhalten her der Katze ähnlicher ist als anderen Hundearten. Dementsprechend bekommen Sie mit diesem schönen Tier vielleicht gar nicht das, was Sie sich von einem Hund erhoffen, denn er ist weder für Bällchen holen noch für Unterwerfung und bedingungslose Liebe seinem Menschen gegenüber bekannt.

Das bedeutet natürlich nicht, dass ein Anfänger auf jeden Fall schlechte Erfahrungen mit dieser Rasse machen wird. Jedoch sollten Sie die angesprochenen Punkte im Hinterkopf behalten, bevor Sie sich für ein solches Tier entscheiden. Auch wenn ein Tier für Sie „nur" ein Lebensabschnittsbegleiter ist, sind Sie für die Lebensspanne des Tieres alles, was es hat.

Einen Shiba kaufen

Wer einen Shiba Inu kaufen möchte, sollte sich vorher ein finanzielles Budget von ca. 4.000 € zur Seite legen, um auch auf eventuell auftretende Probleme vorbereitet zu sein.

Für die Anschaffung eines Shiba-Welpen an sich können Sie zwischen 800 € und 2.000 € einplanen. Besonders wichtig hierbei ist es, dass Sie ein besonderes Augenmerk auf die Züchter der Hunde legen. Lediglich zertifizierte Züchter oder auch private Menschen mit Erfahrung sollten dabei infrage kommen. Dies ist nicht nur eine Frage des Geldes, sondern bedeutet für die Welpen auch eine Herkunft aus Haushalten, die nicht auf Massenzucht oder Ähnliches ausgelegt sind. Achten Sie dabei darauf, dass der Züchter einen Stammbaum der Blutlinie nachweisen kann. Je nachdem, ob sich in diesem Stammbaum ausgezeichnete Hunde befinden, kann der Preis nochmals nach oben hin variieren. Das Wichtigste jedoch ist, dass in der Familiengeschichte keine Erbkrankheiten vorkommen, welche Ihren Hund belasten können.

Bei einem guten Züchter können Sie die Elterntiere auch besuchen und sich diese vor dem Kauf einmal ansehen. Auch das kann Ihnen bei der Entscheidung für einen Züchter helfen.

Achten Sie darauf, ob die Elterntiere ein ruhiges Verhalten an den Tag legen und ausgeglichen wirken. Auch ein Gehfehler bei den Tieren kann Aufschluss darüber geben, ob Krankheiten, wie etwa die Hüftdysplasie, vielleicht in der Familiengeschichte verheimlicht wurden. Achten Sie zudem auch auf die angesprochenen Rassemerkmale und ebenso auf die Fellfarben der Elterntiere. Sich und Ihrem neuen Schützling zuliebe sollten Sie im Zweifel lieber auf einen geeigneten Züchter warten, der Sie selbst vollends überzeugt und alle Ihre Anforderungen erfüllt.

Nach dem Kauf Ihres Welpen hat dieser bei einem guten und seriösen Züchter meist bereits seine erste Impfung und eine Wurmkur erhalten. Auch das Implantieren des Chips wird meist vom Züchter übernommen, bevor der Welpe abgegeben wird. Natürlich kann dies mit Absprachen variieren. Jedoch sollten Sie in den ersten drei bis vier Wochen noch einmal einen Tierarzt für die zweite Impfung aufsuchen, damit Ihr Hund einen wirkungsvollen, aktivierten Krankheitsschutz in sich trägt.

Zu den Kosten für den Hund an sich kommen jedoch noch weitere Kosten hinzu. Darunter natürlich ein Körbchen oder eine andere Schlafmöglichkeit für Ihren Shiba. Die Ausstattung kann insgesamt mit mehreren hundert Euro zu Buche schlagen, je nachdem, was Sie selbst haben möchten.

Besonders bei Welpen ist ein optimal sitzendes Welpen-Geschirr wichtig. Hier eignen sich jedoch auch normale Modelle für kleine bis mittelgroße Hunde. Achten Sie darauf, dass das Geschirr möglichst breite Gurte hat, die dem Tier auch unter Zug oder Druck nicht einschneiden können. Jedoch ist ein zu lockeres Geschirr ebenfalls keine gute Wahl, denn auch, wenn Ihr Hund dort noch hineinwächst, kann er in einem unachtsamen Moment hinausschlüpfen oder herausrutschen. Zudem ist eine lange Leine zu empfehlen. So kann der Shiba Inu nach Herzenslust seinem Bewegungsdrang nachkommen, ohne dass Sie sich Gedanken machen müssen, dass Ihr Hund wegläuft.

Zu guter Letzt sollten Sie eine Hunde-Haftpflichtversicherung für Ihren Welpen abschließen, welche nochmals jährliche Kosten von 50 € bis 110 €, je nach Wahl des Versicherungsanbieters, verursacht. Zudem muss Ihr Hund in Ihrer Gemeinde angemeldet werden, was zusätzlich 20 € bis 100 € im Jahr kostet. Der genaue Kostenpunkt hängt dabei immer von der Reinrassigkeit und den Regelungen Ihrer Gemeinde ab.

Wollen Sie Ihren Hund mit in den Urlaub nehmen, brauchen Sie noch einen zusätzlichen EU-Ausweis für Ihr Tier sowie gegebenenfalls anfallende, landesspezifische Impfungen, welche Sie vorher durchführen lassen müssen.

Leben mit einem Shiba-Welpen

Shiba Inus haben bereits als Welpen einen starken Charakter. Auch wenn die kleinen Fellbündel sehr niedlich aussehen und durch ihre liebevolle Tollpatschigkeit bestechen, dürfen Sie sich davon nicht erweichen lassen. Besonders in den ersten Wochen ist die Bindung zwischen Ihnen und Ihrem neuen Familienmitglied besonders wichtig. Sie legen mit viel Ruhe, Zeit und ausgeprägtem Spielen hier den Grundstein für die gemeinsame Zukunft. Dabei steht besonders die Hörigkeit Ihres Hundes im Vordergrund, denn Sie müssen direkt mit einer strengen, aber dennoch liebevollen Erziehung beginnen. Gerade im Welpenalter lassen viele Hundebesitzer den kleinen gerne einmal etwas durchgehen, doch Shibas haben ein ausgesprochen gutes Gedächtnis. Zu einem späteren Zeitpunkt in ihrem Leben werden sie sich daran erinnern und dann herrschende Regeln einfach ignorieren. Auch wenn es schwerfallen mag, bereits hier beginnt die Erziehung und Sie müssen stark bleiben. Gerade in den ersten Wochen wollen Shibas nicht gerne allein bleiben. Sie brauchen den familiären Zusammenhalt.

An sich bringen Shiba-Welpen jedoch wenige Probleme mit sich und sie sind sehr pflegeleicht. Durch ihren kaum vorhandenen Eigengeruch machen sie auch nach einem Bad oder nach dem Spielen im Wasser kaum auf sich aufmerksam. Ebenso hilfreich ist hier ihre von Natur aus vorherrschende Reinlichkeit, welche man mit der einer Katze vergleichen könnte. Die Kontrolle über die eigene Blase meistern sie meist von allein binnen zwei bis vier Wochen. Da Shibas sich niemals in der Nähe ihres eigenen Futters oder Futterplatzes erleichtern würden, besteht dort auch keine Gefahr, beispielsweise etwas in der Wasserschüssel zu übersehen.

Aber auch Shiba-Welpen haben bereits einen starken Bewegungsdrang. Die Länge der Spaziergänge sollten Sie langsam jeden Tag steigern, sodass Ihr Hund die nötige Bewegung bekommt. Auch so können Sie verhindern, dass Ihrem Hund schnell langweilig wird. Dabei ist es kein Problem, wenn der kleine Welpe nach dem Spazierengehen vollkommen erschöpft ein Nickerchen macht – Sie haben den Hund dadurch nicht überfordert!

Alles in allem sind Shiba-Welpen sehr aktive, verspielte und vor allem lebenslustige Hunde, die sich über viel Zuneigung und Zeit freuen. Sie können die Entwicklung Ihres Shiba Inus jedoch auch gezielt unterstützen, durch anregende

Spielzeuge, Suchspiele oder Nasenspiele, welche die kognitiven Fähigkeiten stärken.

Bis in die 16. Lebenswoche hinein ist der Welpe in der Prägungsphase, wo er die meisten Eindrücke und Erfahrungen aufnimmt, aus denen sich später der Charakter Ihres Hundes formt. An sich sind Shiba Inus nach ca. zwei Jahren ausgewachsen. Ihre finale Körpergröße haben sie meist jedoch bereits nach ca. 10 bis 14 Monaten erreicht. Danach werden sie noch ein wenig breiter, da sich das Körpergewicht noch der finalen Größe anpassen muss.

Geistig und intellektuell sind die Hunde nach etwa 18 Monaten auf ihrem finalen Entwicklungsstand. Eine Faustregel hierbei ist, dass der Hund bei der ersten Geschlechtsreife voll ausgewachsen ist.

Die Gestik und Mimik des Welpen

Die Hunde- und Körpersprache von seinem Hund zu deuten, kann mitunter sehr spannend und interessant sein. Dadurch hat man die Möglichkeit, seinen Shiba Inu in den verschiedensten Situationen gut einzuschätzen und kann entsprechend vorausschauend agieren. Die Fachliteratur bietet zu dem Thema ausreichend Material oder man besucht einmal eine Hundeschule, in der man angeleitet wird und sich immer wieder rückversichern kann.

Der Shiba Inu hat keinerlei aggressive Züge an sich, vielmehr ist er sehr gescheit, lieb und immer bereit, Neues zu lernen. Aus diesen Gründen ist es auch nicht sonderlich schwer, diese Rasse zu erziehen. Wie bei jedem anderen Hund auch, sollte darauf geachtet werden, dass er regelmäßigen

Kontakt zu anderen Hunden hat. Eine gute Sozialisierung ist äußerst wichtig. Ist er im neuen Heim eingezogen, sollte er liebevoll in den Alltag integriert werden und mit anderen im Haus lebenden Tieren und den Kindern bekannt gemacht werden. Für seine Entwicklung ist es bedeutungsvoll, dass er überwiegend gute Erfahrungen macht. Die Zeit, die man mit seinem neuen Liebling verbringt, wird sich später auszahlen. Die Inus sind Hunde, die sehr gerne mit ihren Menschen zusammenarbeiten und haben daher eine unfaire Behandlung nicht verdient.

Welpen verfügen über eine Vielfalt an Gestiken, um sich – nicht nur – unter den Artgenossen bemerkbar zu machen. Nicht nur die Gestik, Körpersprache haben sie gut drauf, sondern auch das Mienenspiel, welches sie für die Kommunikation mit anderen Hunden nutzen. Dadurch zeigen sie, dass sie Hunger haben, Verängstigt sind oder Zuneigung einfordern.

Blickt der noch kleine Hund ganz starr in eine Richtung und sind die Pupillen verengt, ist dies eine Drohgebärde. In der Hundewelt spricht man auch von dem sogenannten „bösen Blick". Das heißt, der Hund schaut nicht „sauber" und er könnte ohne Vorwarnung beißen.

Der Welpe baut sich besonders auf: Fühlt sich der Welpe besonders mutig oder zeigt aggressive Seiten, wird er sich aufbauen und groß machen. Ohren und Rute werden dann aufgestellt. Vermutlich wird er die Brust herausstrecken und die Nacken- und Rückenhaare aufstellen. Es kann auch gut sein, dass er beim Knurren ganz sachte mit der Rute wedelt – ein Zeichen von Unsicherheit.

Der Welpe macht sich ganz klein: Ist ein Hund unterwürfig, macht er sich möglichst klein, um dadurch wie ein Welpe zu wirken. Seine Hoffnung ist, dass sein Gegenüber ihn in Ruhe lässt, denn erwachsene Hunde beispielsweise werden Welpen zwar zurechtweisen, aber niemals angreifen und beißen. Wenn Welpen devot sind, werden sie sich in aller Regel auf dem Boden seitlich zusammenrollen, die Rute ganz flach halten und zaghaft damit wedeln. Manchmal versuchen sie auch dem überlegenen Hund oder der Bezugsperson das Gesicht zu lecken. In extremeren Situationen legen sie sich gänzlich auf den Rücken und geben so ihre Kehle frei.

Abbildung 2: Welpe macht sich ganz klein.

Das Wedeln mit der Rute wird oft als ein Zeichen für Nettigkeit und Freude ausgelegt. Doch ein übertriebenes Wedeln wurde schon oft bei devoten Hunden beobachtet. Das Wedeln kann also auch mehrere Bedeutungen haben:

Wedelt der Hund nur langsam und die Rute ist relativ starr, ist der Hund verärgert.

Ist die Rute zwischen die Hinterbeine eingeklemmt, ist dies ein Zeichen für Angst.

Unruhige oder nervöse Hunde halten ihre Rute mitunter nach unten und wedeln nur andeutungsweise.

Wie Hunde ihre Rute tragen ist von Rasse zu Rasse unterschiedlich. Im Allgemeinen kann man sagen, dass eine Rute, die in einem Winkel von über 45 Grad zum Rücken steht, Wachsamkeit und Interesse darstellt.

Das Gesicht und die Mimik eines Welpen kann viel über seine augenblickliche Befindlichkeit verraten. Ist der Welpe verängstigt? Ist er aufgeregt? Hat er Lust zu spielen? Diese und noch weitere Gefühlsregungen kann man an der Mimik erkennen und darauf eingehen. Sind die Ohren gespitzt und nach vorne ausgerichtet, bedeutet dies, dass der Welpe wachsam ist und zuhört. Wenn hingegen die Ohren flach am Kopf anliegen, kann dies ebenso Freude ausdrücken, wie auch auf Angst hinweisen. Damit Sie die Stimmung richtig „lesen", sollten Sie auf weitere Anzeichen achten und diese in einen gemeinsamen Kontext bringen.

Beobachteten Sie, dass die Augen nur leicht geschlossen sind, ist dies in der Regel ein Anzeichen für Freude beziehungsweise für die Akzeptanz, dass Sie der „Rudelführer" sind. Sind die Augen jedoch weit geöffnet, ist der Welpe aufmerksam und in „Alarmbereitschaft". Die Natur hat es so eingerichtet, dass sich Hunde, wenn diese sich begegnen und die Rangordnung unter sich ausmachen, so lange in die Augen sehen, bis der schwächere nachgibt und sich zurückzieht. Ein derartiges Verhalten raten auch Hundeexperten in der Welpenerziehung: In einer ungeklärten Situation so lange den Welpen anblicken, bis er sich vom Blick her löst und zurückzieht.

Welpen-Produkte

Zu den bereits genannten Produkten, die zur Anschaffung eines Hundes dazu gehören, wie das Geschirr oder die Leine, gibt es zudem weitere Produkte, die auf die Lebensumstände von Welpen angepasst sind. Gerade Shiba-Welpen sind sehr verspielt und sehr neugierig. Wenn Sie die kognitiven Leistungen Ihres Tieres gezielt fördern möchten, empfehlen sich einige spezielle Spielzeuge und Suchspiele für Ihren Hund.

Geschicklichkeitstraining für Hunde ist eine Möglichkeit davon – entweder mit einem eigenen Entwurf oder mit einem gekauften Schnüffelspielzeug können Sie hier zudem den Jagdtrieb und den Ehrgeiz Ihres Vierbeiners befriedigen. Diese Spiele bestehen meist aus einem beißfesten Silikon mit einem Hohlraum darin. Durch eine schmale Öffnung können Sie Leckerlis darin platzieren, welche der Hund dann selbstständig wieder herausbekommen muss. Dieses Spiel gibt es in vielfältigen Varianten und Formen.

Aber auch Schnüffelteppiche sind ein toller Anreiz für die Beschäftigung eines Welpen. Diese Matten haben verschiedene Applikationen, wie etwa kleine Taschen oder Einschnitte, in denen Sie Futter oder Leckerlis verstecken können. So erarbeiten sich die Shiba Inus spielend einen Teil ihres Futters und werden optimal beschäftigt.

Zudem gibt es weitere Produkte, welche auf bestimmte Trainingsformen zugeschnitten sind. Hier bieten sich für die ersten Wochen zum Beispiel saugfähige Unterlagen an, solange der Welpe seine Blase noch nicht voll kontrollieren kann. Aber auch spezielle Hundekörbe für das Auto könne Ihrem Vierbeiner hier das Leben erleichtern und ihm gegebenenfalls die Angst nehmen.

Die Welpen-Schule

Die Welpen-Schule bietet einen Ort, an dem Sie gemeinsam mit anderen Besitzern, Welpen und einem professionellen Trainer an der Sozialisierung Ihres Welpen arbeiten können. Diese Treffen, meist organisiert von einer Hundeschule, sind wöchentliche Treffen, welche der Charakterbildung und Sozialisierung helfen. Nachdem Ihr Welpe in einem Alter von ca. acht bis zehn Wochen bei Ihnen eingezogen ist, sollten Sie in den ersten Tage und Wochen die stärkste und wichtigste Bezugsperson für ihn werden. Nach fünf bis sieben Tagen jedoch können Sie loslegen, wenn Sie möchten.

Die Welpen-Schule bringt dabei für das Tier viele Vorteile mit sich:

- Der Welpe trifft auf Artgenossen verschiedener Rassen.

- Körpergröße und Aktivitäten, aber auch Intensität sind relativ ähnlich.

- Der Welpe lernt verschiedene Umweltreize kennen und wird so sozialisiert.

- Ein professioneller Hundetrainer erklärt das Sozialverhalten der Tiere.

- Anleitungen und Tipps für die gelungene Kommunikation unter Hunden.

- Kommandos werden direkt in einer ablenkungsreichen Atmosphäre trainiert.

In der Welpen-Schule trifft Ihr Hund auf andere Hunde verschiedener Rassen. Diese soziale Interaktion untereinander trägt dazu bei, dass Ihr Hund lernt, was einen Hund eigentlich ausmacht. Die Welpen können hier in einem beaufsichtigten

Umfeld gemeinsam spielen und toben, aber auch erste Kommandos lernen. Der besondere Vorteil an dem Besuch einer Welpen-Schule liegt zudem in dem direkten Feedback, das Sie bekommen können. Ein erfahrener Hundetrainer bemerkt schnell, ob bei der Kommunikation zwischen Ihnen und Ihrem Hund alles in Ordnung ist. So können passende Tipps und Tricks direkt an Sie weitergegeben und anschließend umgesetzt werden. Auf diese Weise vermeiden Sie auch als Anfänger Fehler, welche sich später schwer korrigieren lassen. Auch der Austausch mit anderen Hundehaltern wird hier leicht ermöglicht und bietet Raum für Erfahrungsberichte oder eigene Tipps.

Die hier abgehaltenen Trainingseinheiten sind meist einmal in der Woche, den Rest der Zeit üben und vertiefen Sie dann zu Hause die gelernten Dinge. Zudem lernt der Welpe hier den korrekten Umgang mit anderen Hunden. Das kann sich langfristig auf sein Sozialverhalten auswirken. Ähnlich wie bei menschlichen Kindern wird dabei auf spielerisches Lernen gesetzt, wobei das gemeinsame Spielen der Hunde im Vordergrund steht. Neben kurzen Trainingseinheiten von meist 10 Minuten sind dazwischen immer Regeneration und Spielpausen eingeplant. So nutzen Sie die Aufmerksamkeitsspanne Ihres Welpen optimal aus. Jedoch gilt hier: Lieber ein bisschen zu wenig trainieren, als den Hund zu überfordern. So verankert sich neu gewonnenes Wissen am besten.

Im Folgenden finden Sie die Hauptmerkmale, an welchen Sie eine gute Welpen-Schule erkennen können:

- Reinschauen – Bevor Sie sich für eine Welpen-Schule entscheiden, sollte es möglich sein, einmal eine Trainingseinheit vor Ort anzusehen. Hören Sie dabei auf die Eindrücke Ihres Bauchgefühls, was für Ihren Hund am besten ist.

- Der Trainer – Informieren Sie sich über die Qualifikationen des jeweiligen Hundetrainers. Hierbei sollten Sie auch ehrenamtliche Trainer nicht außer Acht lassen, denn eine Ausbildung allein sagt nicht viel über den Umgang mit den Tieren aus.

- Die Gruppe – Wie groß ist die Welpen-Gruppe? Besteht noch Kapazität oder geht Ihr Welpe in der Menge vielleicht unter? Wie sind die Größen verteilt? Schlechte Erfahrungen mit großen Hunden können zu Angst und Antipathie im weiteren Leben führen.

- Motivation der Hunde – eine positive Stimmung und die Arbeit mit positiver Konditionierung sollten bei der Hundeerziehung im Vordergrund stehen. Erhobene Stimmen, Gewalt oder schmerzhafte „Hilfsmittel" sind dabei keine Option!

- Der Hundeplatz – Wie ist das Gelände der Welpen-Schule angelegt? Ein eingezäunter Grünbereich zum Toben, möglichst mit Bäumen und Sträuchern, ist optimal. Weitere Angebote für die neugierigen Welpen, wie etwa Flatterbänder oder Hundetunnel, sind umso besser.

Welpen Futter

Gerade bei Welpen ist die ausgewogene und richtige Ernährung wichtig. Sie legt den Grundstein für ihr weiteres Leben. Besonders die Aufnahme von Mineralien wie Kalk ist dabei für die Knochenbildung sehr wichtig. Fehlt dies, kann es im Alter bei einem Shiba Inu vermehrt zu Knochenbrüchen kommen. Auch Bänder und Sehnen können durch eine Mangelernährung dauerhaft in Mitleidenschaft gezogen werden.

Für die Ernährung eines Shiba-Welpen empfiehlt sich klassisches Nassfutter mit einem hohen Fleischanteil. Füttern Sie dabei nicht zu viel, um zu verhindern, dass sich Ihr Welpe in Ihrer Wohnung erleichtert. Zudem können Sie Welpen durch kleinere Portionen auch das Schlingen abgewöhnen, welches bei den meisten jungen Hunden auftritt.

Auch eine Barf-Ernährung (Fütterung mit rohem Fleisch) ist bei dem Shiba Inu kein Problem und wird bereits von den Welpen sehr gut vertragen. In ihrer Heimat Japan werden die Tiere meist mit Fleisch und Fischabfällen gefüttert. Sie sind diese Ernährung also bestens gewöhnt. Zum klassischen Barfen bietet sich hier von einigen Herstellern fertiges Barf-Futter an, welches länger haltbar ist und auch unterwegs mitgenommen werden kann.

Hundeerziehung früher und heute

Wie fast alles haben sich auch die Methoden der Hundeerziehung verändert. Wo noch in den 1980ern Ideen von Dominanz, Unterwerfung und einer strengen bis rabiaten Rudelführung die Runde machten, wird in modernen Hundeschulen auf positive Verstärkung gesetzt. Das bedeutet, der Hund wird für richtiges Verhalten gelobt, zum Beispiel mit Leckerli. Dadurch lernt er, dass dieses Verhalten erwünscht ist und eine Belohnung erfolgt.

Die Belohnung kann viele Formen annehmen und muss nicht nur aus Leckerchen bestehen. Man kann dem Welpen erlauben, mit seinem Lieblingsspielzeug zu spielen oder ihn streicheln. Alles, was er gern tut und was nicht die von Ihnen gesetzten Grenzen überschreitet, ist erlaubt. Werden Sie kreativ beim Motivieren. Sie kennen Ihren Hund am besten und wissen schnell, was ihm Freude macht. Eine kleine Toberunde mit Ihnen oder zusammen schmusen verstärkt außerdem noch die Bindung. Auch Ihre Gestik und der Einsatz Ihrer Stimme können dem Kleinen signalisieren, dass er etwas Supermegatolles gemacht hat. Hunde lieben es, gefeiert zu werden! Wenn Sie gerade am Anfang mit Leckerli arbeiten, bringen Sie auch dort Abwechslung ins Spiel. Bereiten Sie eine Überraschungstüte vor mit allem, was Ihr Shiba so mag. Das können getrocknete Sprotten sein, Bananenchips, Apfelringe, Kokoschips, zurechtgestutzte Stücke vom Schweinedarm, in Form gepresste Leckerlis aus der Tüte etc. Ihr Hund weiß nie, was Sie aus der Tüte zutage fördern und wird doppelt aufmerksam sein!

Lassen Sie sich nicht von anderen Hundehaltern belehren oder in Ihre Erziehungsmethode hineinreden, wenn Sie keine Lust darauf haben. Jeder Hund ist anders und jeder Hundehalter hat sein Patentrezept, das er für das einzig Richtige hält. Die Erziehung eines Labradors oder eines Terriers ist jedoch nicht mit der eines Shiba Inus zu vergleichen.

Trotzdem sollten Sie sich nicht scheuen, andere Hundehalter nach Ihren Erziehungsmethoden zu fragen, wenn Sie sehen, dass diese Erfolg haben. Ungefragte Ratschläge sind nervig, vor allem wenn sie mit „Also ICH mache das immer so …" anfangen und den Unterton einer Kanzelpredigt haben.

Anders sieht es aus, wenn Sie offen auf den anderen Hundebesitzer zugehen und ihn fragen. Die meisten teilen ihre Erfahrungen gerne!

Auch Sprüche wie „der ist aber groß, der braucht sicher eine harte Hand" ignorieren Sie bitte (wenn möglich, mit einem überlegenen Lächeln, wenn nicht, indem Sie sich Ihren Teil denken und kommentarlos weitergehen). Die Idee der Dominanz, vom Menschen als Rudelführer ist sicher nicht vollkommen verkehrt, aber eine harte Hand ist das Letzte, was Ihr sensibler Hund braucht.

Ein Hund benötigt klare Regeln. Dazu gehört, dass Sie geduldig und konsequent sind, auch wenn es schwerfällt. Einfühlungsvermögen und Höflichkeit sind die Eigenschaften, die Sie von Ihrem Hund erwarten. Wie soll er sie lernen, wenn Sie ihm ein falsches Beispiel geben?

Leinenrucken, am Nackenfell packen und schütteln, auf den Rücken werfen, mit der Zeitung drohen oder schlagen haben in einer Beziehung zwischen Hund und Halter, die von Respekt und Liebe geprägt sein sollte, nichts verloren. Erfolgreiche Hundeerziehung kommt ohne Gewalt aus und nur wer seinen Hund freundlich, aber fest erzieht, wird später auch einen umgänglichen Vierbeiner an der Leine haben.

Welpen Training –
Die ersten 5 Wochen

Welpen lernen schneller als erwachsene Hunde. Das bedeutet nicht, dass man einem erwachsenen Tier nichts mehr beibringen kann, doch sind die Grundsteine der Erziehung bereits im Welpenalter gelegt, vereinfacht dies das Zusammenleben und die weitere Erziehung allgemein.

Bedenkt man, dass diese Zeit daher gut genutzt sein sollte, kann es schnell passieren, dass man überfordert ist und nicht weiß, womit man jetzt anfangen soll und was am wichtigsten ist.

Daher sind im Folgenden die Dinge genannt, die Sie Ihrem Shiba Inu-Welpen möglichst schnell beibringen sollten.

Vorweg sei gesagt: Überfordern Sie Ihren Shiba Inu nicht! Lieber ein paar Mal wenige Minuten am Tag üben, als zu viel zu wollen und das Tier damit zu stressen!

Neben der Stubenreinheit, auf die ja bereits eingegangen wurde, ist es auch wichtig, dem Shiba Inu eine **Beißhemmung** anzutrainieren. Das ist genau das, wonach es klingt: Das Tier muss lernen, nicht zu fest zuzubeißen.

Diese Hemmung ist, anders als man vielleicht annehmen könnte, nicht angeboren. Stattdessen wird sie erlernt, beispielsweise dann, wenn der Welpe mit seinen Geschwistern spielt. Dabei kommt es immer wieder vor, dass einer der Welpen einen lauten Schrei ausstößt, der meist dramatischer klingt, als er tatsächlich ist, weil einer der kleinen Hunde ihn gebissen hat.

Dieser Schrei bewirkt, dass der „Angreifer" zurückschreckt und merkt: Das war zu doll, ich muss besser aufpassen.

In Bezug auf Artgenossen lernen Welpen diese Beißhemmung daher meist recht schnell. Es ist jedoch durchaus möglich, dass sie unabhängig davon austesten müssen, wie weit sie bei Menschen gehen können.

Um ihnen nun diese Hemmung auch bei Menschen beizubringen, tun Sie genau das Gleiche, was auch seine Geschwister getan haben: Schreien Sie laut auf, wenn der kleine Shiba Inu Sie beißt. Dieser Schrei muss wirklich schrill und überzeugend sein und kein halbherziger Ausruf wie „Au". Die meisten Welpen werden nun wissen, dass Sie zu weit gegangen sind, und aufhören. Falls dem nicht so sein sollte, haben Sie entweder die Möglichkeit, selbst für ein paar Sekunden vor die Tür und somit aus der Situation zu gehen oder aber den Hund nach draußen zu setzen. Nachdem ein paar Sekunden verstrichen sind, kann das Spielen und damit das Antrainieren der Beißhemmung fortgesetzt werden.

Shiba Inus sind, wie alle anderen Hunde auch, nicht bösartig. Sie wollen ihrem Besitzer nicht schaden. Dafür, dass sie beißen, kann es zwei Gründe geben: Sie haben Schmerzen oder sie sind aufgeregt. Letzteres ist sowohl bei Angst als auch beim Spiel der Fall. Somit passiert es eben auch besonders, wenn Sie mit Ihrem Welpen spielen, dass dieser einmal aus Versehen Ihre Hand erwischt oder testweise an Ihrem Arm herum knabbert. Er ist aufgeregt, er ist jung und er möchte austesten.

Eine kleine Information am Rande: Die Zähnchen von Welpen sind schärfer als die von erwachsenen Hunden. Warum das so ist, ist auch heute noch in der Wissenschaft umstritten. Eine Theorie besagt jedoch, dass dies so ist, damit die Beißhemmung schneller erlernt wird. Die Zähnchen der Shiba-Welpen schmerzen nämlich schneller und stärker als die Zähne der ausgewachsenen Hunde, was auch dazu führt, dass von Geschwistern oder Spielkameraden schneller eine Reaktion in Form eines lauten Schreis erfolgt. Somit lernt der Welpe die Hemmung bereits bei einem Kraftaufwand, bei dem seine Erwachsenenzähne noch gar keinen Schmerz oder gar Schaden verursachen würden.

Was ebenfalls in einem möglichst jungen Alter passieren sollte, ist, den Shiba Inu an das **Tragen eines Geschirrs** zu gewöhnen. Bei vielen Hunden ist dies keine große Herausforderung – bei Shiba Inus aber meist schon. Ein Shiba Inu legt Wert auf seine Unabhängigkeit, ist, wie oftmals erwähnt, sehr eigensinnig und ein Geschirr oder auch eine Leine sieht er als Freiheitsberaubung an und er wehrt sich entsprechend dagegen. Hier wird auch der Hang zur Dramatik deutlich, die typisch für die japanische Hunderasse ist: Wahrscheinlich wird in einer solchen Situation der typische „Shiba-Schrei" ausgestoßen, durch den das Tier seinen Unmut zum Ausdruck bringen möchte. Dieser klingt wirklich dramatisch und lässt einem im ersten Moment oft denken, man hätte dem kleinen Welpen ernsthafte Verletzungen zugefügt.

Lassen Sie sich dadurch aber nicht aus dem Konzept bringen. Mit brutalem Kraftaufwand sollten Sie selbstverständlich ohnehin nicht an die Sache herangehen und so ist die Chance, dass Sie dem Shiba Inu wirklich wehgetan haben, sehr gering. Er möchte eben einfach klar machen, dass ihm die Beschränkung seiner Freiheit in Form des Geschirrs nicht gefällt.

Das Geschirr sollte für den Shiba Inu zu etwas Selbstverständlichem werden, sodass er es kaum noch bemerkt. Dies kann trainiert werden, indem Sie ihn nach dem

Anlegen – was sich durch die Gegenwehr anfangs durchaus als etwas schwierig gestalten kann, aber doch schaffbar ist – direkt mit einem tollen Spiel und/oder mit Leckerlis belohnen. Damit wird das Geschirr mit etwas Positivem verknüpft. Mit der Zeit wird der Shiba Inu sich immer weniger für das Geschirr interessieren, da es für ihn normal wird.

Hilfreich kann es hier sein, das Anlegen des Geschirrs mit einem verbalen Signal wie „Anziehen" zu begleiten. So weiß der Shiba Inu schnell, was auf ihn zukommt, und er kann im Idealfall auch etwas mitarbeiten, indem er beispielsweise seinen Kopf durch das Geschirr steckt.

Abbildung 3: Welpen an Brustgeschirr gewöhnen.

Ganz gleich, wie der junge Welpe reagiert, die Hauptsache ist, dass er das Halsband ganz kurz anbehält. Es kommt darauf an, welche Reaktion der Welpe gezeigt hat. War sie gut, kann man am gleichen Tag oder bei einer

Schockreaktion erst am nächsten Tag das Halsband erneut anlegen. War er brav, sollte man ihn mit einer freudigen Stimme loben. So verbindet er das Halsband mit einem freudigen Ereignis. Im zweiten Schritt kommt die Leine hinzu. Auch hier ist es besser, dem Welpen die Leine vorher zu zeigen und sie nur für einen kurzen Augenblick am Halsband fest zu machen. Hat er dies akzeptiert, kann man beginnen, in der Wohnung mit ihm zu üben an der Leine zu laufen.

Steht nach diesen Übungen der erste richtige Spaziergang in der freien Natur an, sollte er zumindest die Grundkommandos, die da wären: Sitz, Platz, Bleib, Hierhin und bei Fuß wenigstens halbwegs draufhaben. Der junge Hund muss in etwa wissen, was gemeint ist. Aber auch bei den Kommandos ist viel Geduld des Besitzers gefragt, da der Welpe nicht immer sofort weiß, was von ihm verlangt wird und er nicht direkt gehorchen wird. Gerade dann, wenn der junge Hund zum ersten Mal im Wald oder auf einer Hundewiese ist, gibt es viel Neues zu entdecken und er wird überall mal herumschnüffeln wollen. Hinzu kommt, dass der kleine Shiba das Spazierengehen mit der Leine noch gar nicht kennt und er es erst noch lernen muss. Doch Shiba Inus sind ja sehr intelligente und lernbereite Tiere, die sehr schnell verstehen, was man von ihnen möchte.

Nach dem gleichen Prinzip funktioniert auch das **Laufen an der Leine.** Wie bereits erwähnt, sind Shiba Inus Jagdhunde und speziell bei dieser Rasse kann es durchaus sein, dass man sie nie bei Spaziergängen frei laufen lassen kann, da es einfach zu riskant wäre. Daher ist es wichtig, dass sie an eine Leine gewöhnt sind und diese, genau wie das Geschirr, nicht als störend und somit als stressig empfinden.

Hierbei kann es zu Beginn zu unterschiedlichen Herausforderungen kommen: Es kann sein, dass der Shiba Inu sich nicht bewegt, sobald ihm eine Leine angelegt wurde. Lassen Sie in diesem Fall die Leine im Garten oder auch in der Wohnung einfach zu Boden fallen und lenken Sie Ihren Vierbeiner mit Leckerlis ab, bis er die Anwesenheit der Leine vergessen hat und sich doch in Bewegung setzt. Nun nehmen Sie die Leine wieder in die Hand und loben den Shiba Inu. Jetzt setzen Sie sich schrittweise in Bewegung. Folgt der Hund, wird er belohnt. Sollte er das nicht tun, warten Sie einfach ab, ohne ihn anzusprechen oder ihn anderweitig zu beachten. Irgendwann wird es ihm zu langweilig werden und er wird sich wieder in Bewegung setzen. In genau diesem Moment erhält er dann sein Lob.

Eine weitere Problematik kann sein, dass der Shiba Inu in die Leine beißt. Genauer betrachtet ist dieses Verhalten gar nicht verwunderlich. Zerrspiele machen schließlich Spaß und sie bringen Aufmerksamkeit. Das ist auch der Punkt, an dem angesetzt werden kann: Beißt der Shiba Inu in die Leine, lassen Sie die Leine los und gehen Sie einfach ein paar Schritte weiter. Dies sollte natürlich in einer sicheren Umgebung trainiert werden. Auch wird anfangs jeder Schritt, den der Shiba Inu macht, ohne in die Leine zu beißen, gelobt.

Leinenführigkeit an sich ist ebenfalls etwas, was dem kleinen Shiba Inu früh beigebracht werden sollte. Um den Kleinen dazu zu bringen, an der lockeren Leine mit einem zu gehen, gibt es mehrere Methoden: Zunächst sollte dem Hund gezeigt werden, dass es sich lohnt, neben Ihnen zu laufen. Dies geschieht mithilfe von Leckerlis. Das erste Leckerli wird auf den Boden gelegt. Während der Shiba Inu es frisst, gehen Sie so weit vorwärts, wie die Leine es zulässt, und legen wieder ein Leckerli neben sich auf den Boden. So lernt der Shiba, dass es etwas Positives ist, sich an der Leine in Ihrer Nähe aufzuhalten.

Mit dieser Methode kann man schon einmal eine gute Basis schaffen. Wahrscheinlich wird es jedoch immer wieder zu Situationen kommen, in denen der Shiba Inu an der Leine zieht und seinen Besitzer so dazu bringen möchte, die Richtung einzuschlagen, die er gerne hätte. Dem nachzugehen, wäre gerade bei dieser Hunderasse fatal und würde seitens des Shiba Inus sehr schnell als Schwäche erkannt und ausgenutzt werden.

Zieht Ihr Vierbeiner nun also an der Leine, haben Sie zwei Möglichkeiten, zu reagieren: Entweder Sie bleiben stehen und bewegen sich so lange nicht, bis der Shiba Inu aufhört, zu ziehen und die Leine wieder locker ist. Hier ist Geduld gefragt, da es durchaus sein kann, dass es lange dauert, bis das sture Tier sein Vorhaben aufgibt. Die andere Möglichkeit besteht darin, entgegengesetzt der Richtung zu ziehen, in die der Shiba Inu möchte. Dies funktioniert nur, wenn er auch wirklich ein bestimmtes Ziel hat und nicht einfach bloß ungeduldig ist und schneller laufen möchte. Gehen Sie einige Schritte in die entgegengesetzte Richtung und dann in einem Bogen zurück zum ursprünglichen Ziel. Sollte Ihr Hund erneut anfangen, zu ziehen, geht es wieder in die andere Richtung, so lange, bis er begreift, dass eine lockere Leine dazu führt, dass er das gewünschte Ziel erreichen wird.

Ebenfalls erleichternd für das weitere Zusammenleben mit dem Shiba Inu ist es, wenn er im Welpenalter an Pflegerituale gewöhnt wird.

Die Fellpflege eines Shiba Inus ist an sich nicht sonderlich anspruchsvoll, aber dafür zeitaufwendig. Da ist es hilfreich, wenn der Hund während der Pflege stillhält. Dies kann ganz einfach geübt werden, indem man dem Shiba Inu Aufmerksamkeit und Zuneigung schenkt. Durch Pfoten-

Massagen, Ohren ausstreichen und auch ins Maul fassen werden diese Dinge positiv belegt.

Zuletzt nun noch ein besonders wichtiger Punkt, der bei der Welpen-Erziehung oft vergessen wird: das Schlafen. Gerade die sehr aktiven Shiba Inus neigen dazu, durch ihre Aufregung so hochzufahren, dass sie kaum mehr zur Ruhe kommen können und das Einschlafen sich als schwierig gestaltet. Sie merken im Grunde gar nicht, dass sie eigentlich erschöpft sind und Schlaf brauchen. Von daher sei auch hier noch einmal erwähnt: Überfordern Sie Ihren Shiba-Welpen nicht. Wenn Sie zu viel auf einmal wollen, zu viele Aktivitäten bieten, dann wird Ihr Shiba Inu nur schwer zur Ruhe kommen, was wiederum zu Stress führt. Achten Sie also darauf, dass Ihr Welpe Zeit hat, sich zurückzuziehen und all die neuen Eindrücke, die er gesammelt hat, zu verarbeiten.

Checkliste –
Sozialisierung des Welpen

Die Sozialisierungsphase im Leben Ihres Shiba Inus ist von prägender Bedeutung dafür, wie er sich sein Leben lang in bestimmten Situationen verhalten wird. Was er als Welpe als neutral oder positiv wahrnimmt, wird ihm später keinerlei Probleme bereiten. Im Umkehrschluss bedeutet das jedoch: Verknüpft er mit einer Situation etwas Negatives, so wird es schwer, ihm diese Verknüpfung wieder abzugewöhnen. Auf alles kann man nicht vorbereitet sein, dennoch gibt es einige Situationen, auf die Sie im Alltag oft treffen werden und an die der Shiba Inu darum frühzeitig gewöhnt werden sollte.

Zu diesen Situationen zählen folgende:

- Autofahren
- Bus/Straßenbahn/andere öffentliche Verkehrsmittel
- Fahrradfahren
- Aufzug
- Treppe gehen
- Geschäfte
- Restaurants
- Menschenmengen
- Dunkelheit
- Kerzenschein
- Wasser
- Staubsauger
- Küchengeräte
- Tierarztpraxis

- Jogger
- Radfahrer
- Türklingel
- Kinder
- ältere Menschen
- andere Tiere
- andere Hunde

Insbesondere die letzten vier Punkte sind bei Shiba Inus von essenzieller Bedeutung. An Kinder und andere Tiere, mit denen der Vierbeiner sein Revier teilen soll, muss er frühzeitig gewöhnt werden, da sonst das ausgeprägte Territorialverhalten dieser Rasse zum Vorschein kommt. So würde er kleinere Tiere und auch Katzen eher als Beute betrachten.

Wenn Sie Ihren Hund jedoch von Anfang an Kinder oder Tiere gewöhnen, gestaltet sich das Zusammenleben mit diesem als unkompliziert und es können tiefe, lebenslange Bindungen entstehen, während der die Loyalität des Shiba Inus deutlich wird.

Um Ihren Shiba Inu nun an oben genannte Orte und Situationen zu gewöhnen, ist es wichtig, diese aktiv und aufmerksam gemeinsam mit Ihrem Welpen zu entdecken. Dabei sollte nicht sofort übertrieben werden, direkt etwa eine U-Bahn-Fahrt vom einen Ende der Stadt zum anderen zu machen, würde das Tier überfordern und verunsichern.

Auch hier ist Geduld gefragt! Aufmerksamkeit ist ebenfalls unabdingbar, weswegen Ihre Konzentration vollkommen auf Ihrem Hund und nicht etwa auf Ihrem Handy liegen sollte, denn wie zuvor bereits erwähnt, prägen sich auch schlechte Erfahrungen schnell bei Ihrem Shiba Inu ein.

Shiba Inu in der Pubertät

Wie alle jungen Hund kommen auch die Shiba Inus mit der Zeit in die Pubertät. Die Adoleszenz fängt meist zwischen dem siebten und zwölften Monat an. Es beginnt auch ein Abschnitt, in der der heranwachsende Rüde seine Überlegenheit zeigen wird. Jetzt wird der Rüde hin und wieder mal wieder austesten, in welchem Umfang er seine eigenen Regeln und sein Verhalten umsetzen kann. Für den Besitzer beginnt jetzt die Phase des „keine Lust zu irgendwas haben", plötzliche Anfälle, die mit viel Aktivitäten einhergehen, immer wieder Aufstände und kein Respekt vor der Autorität. Junge Hunde, die in der Pubertät sind, zeigen immer wieder ein Verhalten, dass den der Teenager ähnelt. Der junge Shiba, der seiner Bezugsperson immer äußerst gefallen möchte und der sehr begierig alles aufgenommen hat, was ihm beigebracht wurde, hat plötzlich keinen einzigen Befehl mehr im Kopf. Aber solche Phasen verschwinden auch von alleine wieder.

Der Übergang ins „Erwachsenenalter" hat seinen Anfang nach der Welpenzeit. Die Adoleszenz ist gut daran erkennbar, dass die Welpen die Milchzähne verlieren und die richtigen Zähne nachwachsen. Die Entwicklungsstufe der Pubertät geht beinahe nahtlos in das Erwachsenenalter über. Sie sind also kaum voneinander zu trennen. Je nachdem, um welche Rasse es sich handelt, dauert die Pubertät entsprechend mehr oder weniger lange und der Hund wird in dieser Phase die Geschlechtsreife erreichen.

Bei Hündinnen erkennt man die Adoleszenz daran, dass sie ihre erste Läufigkeit haben. Die Rüden dagegen werden jetzt anfangen, ihr Bein zu heben, um zu urinieren. Ein weiteres Kennzeichen für die Pubertät bei Rüden ist, dass er mit einem Mal ein Interesse für die Markierungen anderer Hunde hat und das Spielen derber wird. In Abhängigkeit von einem möglichen Stressaufkommen oder dem Ernährungszustand (zu dick/zu dünn) kann die Pubertät entsprechend schneller vonstattengehen oder sich verzögern. Die Natur hat es so eingerichtet, dass das Tier nur dann die Geschlechtsreife erlangt, wenn ausreichend körperliche Reserven da sind und sich die Tiere in einem sicheren Umfeld bewegen.

Hat man die Phase der Pubertät erfolgreich hinter sich gebracht, beginnt die Entwicklung ins Erwachsenenalter, die auch noch einmal einige Jahre andauern wird. Erst nachdem dieser gesamte Entwicklungsprozess durchlaufen ist, ist der Shiba Inu körperlich und mental ausgereift. In diesem Lebensabschnitt findet die abschließende Entwicklung der sekundären Geschlechtsmerkmale und der Veränderung des Verhaltens statt. Ähnlich wie bei den Menschen auch verändert sich nicht nur das Äußere und sichtbare Verhalten, sondern auch die Innenstruktur wird „neu gestaltet". Das bedeutet, dass sich zum Beispiel der junge Hund geistig weiterentwickelt. Den Start für die Pubertät gibt das Hormon „GnRH", das „Gonadotropin Releasing Hormon". Durch das Hormon wird die Freisetzung der Geschlechtshormone in Gang gesetzt und dies führt wiederum dazu, dass im Gehirn andere Botenstoffe freigesetzt werden. Das Betragen des Hundes an sich verlagert sich mehr und mehr vom „kindlichen" und emotionalen Verhalten hin zu einem erwachsenen und vernünftigen Gebaren.

Wodurch wird die Pubertät des Hundes ausgelöst?

Während der Pubertät treffen im Organismus unterschiedliche Veränderungsprozesse aufeinander, die nicht nur Auswirkungen auf den Körper haben, sondern auch die geistige Reifung mit sich bringen. Im Folgenden aufgeführt sind derartige Veränderungen, so kann auch der Besitzer das Verhalten seines Hundes besser nachvollziehen:

Veränderungen der Nervenzellen ausgelöst durch die Wachstumsschübe: Damit das Gehirn mit zunehmendem Alter leistungsfähiger arbeiten kann, werden die nervlichen Verknüpfungen gewissermaßen „umgebaut". Wichtige Verbindungen werden noch mehr verstärkt und weniger wichtige bilden sich zurück. Dies alles spielt sich hauptsächlich im präfrontalen Cortex ab, jener Hirnregion, die für die bewussten Vorgänge, das Denken und Lernen zuständig ist und die entsprechende Reaktion erfolgen lässt.

Daher ist es möglich, dass es während der Pubertät zu impulsiven Aktionen kommen kann. Auch andere Bereiche, wie zum Beispiel der Mandelkern, wachsen in dieser Phase.

Der Mandelkern ist jener Bereich im Gehirn, der für die Emotionen verantwortlich ist: Angst, Aggression oder Freude. Dadurch wird auch das Gefühlsleben des Hundes berührt. Er wird unter Umständen etwas unberechenbarer.

Hormonschwankungen: die beiden Hormone Testosteron und Dopamin sorgen für Unruhe im Hund, da die Empfänglichkeit der Rezeptorzellen sich auch in einer Veränderungsphase befinden. Das bedeutet für das Tier möglicherweise, dass er anfälliger für Stress wird oder auch aufgekratzter ist als bisher. Der Hund reagiert überempfindlich auf Außenreize. Genauso wie er auch auf ihm bekannte Gegebenheiten reagiert. Es sind also typische

Stimmungsschwankungen, die man auch von Teenagern her kennt.

Woran erkennt man die Pubertät des Shiba Inus?

Ist ein Hund in der Pubertätsphase, erkennt der Halter das vor allem daran, dass der Hund auch launischer wird und entsprechend auf seine Umwelt reagiert. Er ist im gewissen Maße sprunghaft. Wie stark die Adoleszenz ist, hängt natürlich auch immer von jedem Tier selber ab, da jeder Hund individuelle Eigenschaften besitzt. Grundsätzlich kann man jedoch sagen, dass jede Form der Pubertät darauf abzielt, erwachsene Verhaltensformen zu festigen.

Auf nachstehende Punkte sollte man während der Pubertät des Hundes speziell achten:

Respekt: Man muss sich immer durchsetzen! Es ist nicht verkehrt, wenn man verständnisvoll dem Hund gegenübertritt, aber keinesfalls sollte man schlechte Angewohnheiten durchgehen lassen. Man muss stets der selbstsichere und unbeeindruckte Rudelführer bleiben, an dem sich der Hund auch in seiner schwierigen Phase gut orientieren kann.

Geduld: Einige Shiba Inus können sich kaum an das Erlernte erinnern, sie scheinen schwer von Begriff zu sein oder reagieren gar nicht mehr, wenn sie gerufen werden. Auch wenn es manchmal schwer ist. Verständnis und viel Zeit helfen ihnen in dieser Zeit. Die Freude für das Lernen kann in ihnen wieder hervorgerufen werden oder man bringt ihnen neue Tricks bei – mit viel Zuspruch und Lob.

Schutz: Ein Hund in der Pubertät verkennt oft die Gefahren und kennt kein Risiko. Umso wichtiger ist es, dass man stets ein wachsames Auge auf seinen jungen Hund hat und eingreifen kann, wenn der „Teenager" sich in Gefahr bringt. Während dieser Zeit sollte man es vermeiden – falls möglich – einen Umzug durchzuführen oder gänzlich neue Lerninhalte zu vermitteln. Es sind neue Gegebenheiten und Umstände, auf die sich der Shiba Inu neu einstellen muss und dass kann ihn überfordern.

Die Frage, an der sich die Geister scheiden: Kastrieren oder nicht kastrieren?

Ähnlich wie beim Füttern oder in der Erziehung gibt es hier keine vorgefertigte Antwort. Jeder Rüde und jede Hündin ist anders und die Entscheidung sollten Sie sich nicht leichtmachen.

Auf jeden Fall sollten Sie mit der Kastration bei beiden Geschlechtern warten, bis Ihr Hund erwachsen ist, und zwar nicht nur körperlich. Eine Kastration ist ein tiefer Eingriff in den Hormonhaushalt und bringt tiefgreifende Veränderungen mit sich, sowohl körperlich als auch psychisch. Bei nicht ausgewachsenen Hunden kann es passieren, dass sie für den Rest ihres Lebens in der Junghundphase stecken bleiben, also Grenzen testen, raufen und sich ausprobieren.

Viele Hunde werden mit der Kastration verfressen, was bedeutet, dass Sie sich gegen den herzerweichenden Blick wappnen und Futter bzw. Leckerlis streng rationieren müssen. Mehr Bewegung ist angesagt, damit der Shiba Inu nicht dick und träge wird. Andere Hunde, die vorher tiefen entspannt im Umgang mit Artgenossen waren, werden auf einmal entweder aggressiv oder total unterwürfig. Beide Varianten machen keinen Spaß, denn ängstliche Hunde werden oft genug von anderen gebissen. Sich entscheiden zu müssen, ob Sie lieber den „Beißer" oder den „Gebissenen" an der Leine führen, möchte kein Hundebesitzer treffen. Eine Runde mit einem ängstlichen oder angriffslustigen Hund macht trotzdem kein Vergnügen, denn schließlich soll Ihr Hund ja Kontakt zu anderen Hunden haben und spielen, rennen sowie toben. In beiden Fällen hilft intensives Einzeltraining bei der Hundeschule Ihres Vertrauens, aber bevor es soweit ist, sollten Sie sich die Kastration gut überlegen.

Für Rüden gibt es auch die chemische Kastration durch ein Hormonimplantat. Das Medikament wird langsam abgebaut und senkt den Testosteronspiegel. Die Dauer liegt je nach Medikament zwischen einem halben und einem Jahr. Wenn Sie also nicht sicher sind, ob Sie Ihren Rüden kastrieren lassen wollen oder nicht, können Sie mit Ihrem Tierarzt über dieses Hormonimplantat sprechen. Sie sollten jedoch nicht leichtfertig mit dem Medikament umgehen und z.B. über das gesamte Hundeleben mal mit, mal ohne Hormonpräparat auskommen. Wenn Sie sehen, dass Ihr Rüde mit dem verminderten Testosteronspiegel ein ganz normaler, folgsamer UND ausgeglichener Hund ist, spricht nichts dagegen, sie weiterhin einzusetzen oder eine operative Kastration vornehmen zu lassen.

Aus persönlicher Erfahrung kann ich den Test mit der chemischen Kastration befürworten. Nachdem er mir einmal über eine befahrene Straße ausgebüxt war, um einer Hündin hinterherzulaufen, habe ich die Kastration ernsthaft in Erwägung gezogen, mich aber für ein Hormonpräparat als Test entschieden. Mein Rüde war so ein Fall, der innerhalb weniger Wochen von einem normalen zu einem ängstlichen Hund wurde. Von Entspannung bei Hunde-begegnungen keine Spur mehr. Er warf sich sofort auf den Rücken, wurde ständig von anderen Rüden gebissen und aufgeritten. Zu allem Überfluss fraß er jeden Hundehaufen, den er entdeckte (es waren unzählige) und erbrach sie zuhause wieder. Ich wusste also, dass eine dauerhafte Kastration nicht infrage kommt. Meine Lösung war intensives, spielerisches Training unter Anleitung einer Hundetrainerin. Diese Methode hat die Bindung zwischen uns gefestigt, er wurde zu 95 Prozent abrufbar auch in Gegenwart heißer Hündinnen und er ist wieder zu einem normalen, ausgeglichenen Hund geworden, der vor Artgenossen keine Angst mehr hat.

Was die Kastration, ob Rüde oder Hündin, übrigens nicht kann ist grundsätzliche Erziehungs- oder Verhaltensfehler auszubügeln. Nicht jede Aggression eines Hundes ist sexuell motiviert und eine charakterliche Änderung oder Gehorsam sind nichts, was man an- oder wegoperieren kann. Was vermindert wird, ist die Aggression des Rüden gegen unkastrierte Rivalen und die der Hündin gegen andere, läufige Hündinnen, aber mehr nicht.

Tipp: Manchmal scheinen alle Hündinnen in der unmittelbaren Umgebung gleichzeitig läufig zu werden. Ist Ihr Rüde noch zu jung, um kastriert zu werden, hilft ihm vielleicht ein homöopathisches Mittel zu mehr Entspannung. Agnus Castus Globuli (aus der Heilpflanze Mönchspfeffer) dämpft den Sexualtrieb. Es hilft nicht bei jedem Rüden, aber vielleicht bei Ihrem. Die genaue Dosierung besprechen Sie am besten mit einem Tierheilpraktiker oder einer Tierärztin.

Es gibt medizinische Gründe, die eine Kastration notwendig machen, z.B. die Gebärmuttervereiterung bei der

Hündin oder die Unruhe und das Verweigern von Futter bei Rüden. Was den Zusammenhang zwischen Kastration bei beiden Geschlechtern und dem Auftreten (oder eben Nicht-Auftreten) bestimmter Krebsarten angeht, kann man hier keine Aussage treffen. Für jede Studie, die im Netz kursiert oder die der Tierarzt zitiert, gibt es eine Studie, die das Gegenteil belegt. Sie sehen, es gibt keine einfache Lösung, so gerne man auch eine unfehlbare Methode präsentieren würde und Ihnen die Entscheidung leichtgemacht hätte. Die Entscheidung für oder gegen die Kastration ist eine, die jeder Hundebesitzer selbst treffen muss.

Erziehung

Natürliche Autorität ist dem Hund gegenüber wichtig. Natürlich wollen Sie, dass Ihr Tier in den entscheidenden Momenten auf Sie hört, aber auch seinen Charakter dabei nicht zerstören. Dieser Balance-Akt kann gerade für Anfänger schwierig werden. Die Kunst an einem solchen Tier ist es, sich an seinen Ecken zu erfreuen und es ein Stück weit Tier sein zu lassen. Durch die ausgeprägte Dominanz müssen Sie sich auch im Alltag Ihren Rang als Führer des Familienrudels wieder erarbeiten und sich erneut beweisen. Dadurch, dass der Shiba Inu so scharfsinnig ist, beobachtet er jede Situation sehr genau und entscheidet dann, wie er sich Verhalten möchte.

Ausschlaggebend für eine gelungene Erziehung des Hundes ist eine vertrauensvolle Bindung – selbstverständlich gilt dies für alle Hunderassen, beim Shiba Inu hat diese Bindung allerdings noch einmal einen besonderen Stellenwert.

Shiba Inus sind keine Hunde, die blind vertrauen. Seinen Respekt muss man sich verdienen und man muss ihm zeigen, dass man in der Hund-Mensch-Beziehung derjenige ist, der das Sagen hat.

Was ebenfalls nicht zu unterschätzen ist und an dieser Stelle abermals zu erwähnen ist: Shiba Inus wurden ursprünglich als Jagdhunde gezüchtet. Dieser Jagdtrieb ist bei der Rasse auch heute noch deutlich vorhanden. Konsequentes Durchgreifen ist daher von Anfang an wichtig, damit die sehr intelligenten Tiere ihren Besitzer auch als Rudelführer anerkennen. Es reicht nicht aus, dem Shiba Inu einmalig etwas zu verbieten. Bei der nächsten Situation wird er erneut austesten und sollte er nicht bei jedem Versuch dieselbe Reaktion bekommen, wird er diese Regel nicht lernen und verinnerlichen.

Ein Beispiel aus der Praxis

Die kleine Shiba Inu-Dame namens Aki bettelt beim Essen. Da sie dabei so niedlich aussieht, lässt ihr Frauchen sich dazu hinreißen, ihr ein Stück ihres Lammkoteletts abzugeben. Was denken Sie, wie wird Aki sich bei der nächsten Mahlzeit ihrer Besitzerin gegenüber verhalten? Richtig, sie wird wieder versuchen, auf diese Art etwas von dem Essen abzubekommen, da sie gemerkt hat, dass ihr Verhalten einmal zum Erfolg geführt hat.

Diese Reaktion sollte jedoch nicht, wie häufig empfohlen, einzig in harter Konsequenz bestehen. Selbstverständlich bedeutet das nicht, dass man sich von dem Tier auf der Nase herumtanzen lassen oder ihm doch immer einmal wieder ein unerwünschtes Verhalten durchgehen lassen sollte. Wie bereits erwähnt, würde der kluge Shiba Inu ein solches Verhalten schnell für sich ausnutzen. Das gilt ganz grundsätzlich – Shiba Inus versuchen kontinuierlich, die Grenzen, in denen sie sich bewegen, zu erweitern, sie testen ihren Besitzer immer wieder aufs Neue und merken sich jede Schwachstelle.

Doch mit Schreien oder lautstarkem Tadel wird man keinen Erfolg bei der Erziehung haben. Vielmehr würde unter solchen Maßnahmen das Vertrauensverhältnis zu dem Hund leiden und dieses Vertrauen zurückzugewinnen, wird sich als sehr schwierig erweisen.

Dass Shiba Inus jede Ausnahme einer Regel nutzen und die Konsequenz ihres Besitzers wiederholt auf die Probe stellen, kommt natürlich nicht etwa daher, dass die Tiere etwas Boshaftes in sich haben.

Vielmehr ist es die für diese Rasse typische Charakterstärke, die dafür sorgt, dass der Hund selbst die Leitung übernimmt, wenn man ihm diese Möglichkeit lässt.

Kenner anderer Hunderassen sind wahrscheinlich mit der „Will-to-please"-Mentalität ihrer Vierbeiner vertraut. Übersetzt bedeutet dies: Der Hund möchte seinem Besitzer gefallen. Er möchte gelobt werden und das ist seine größte Motivation dazu, zu gehorchen. Ein Shiba Inu hingegen nimmt nicht jeden Befehl, den man ihm beibringen möchte, einfach hin und übernimmt diesen. Tatsächlich wägt er ab, ob er diesen Befehl als sinnvoll und lohnenswert erachtet.

Den größten Erfolg erzielt man daher dadurch, dass man dem Shiba Inu den Befehl auf sinnvolle Art und Weise nahebringt, damit er den Sinn dahinter auch begreift. Geduld ist somit ein maßgeblicher Faktor in der Erziehung eines Shiba Inus.

Was ist Clicker-Training?

Eine gute Erziehungsmethode, die auf die Ansprüche der japanischen Hunderasse eingeht, stellt das **Clicker-Training** da. In den USA ist das sogenannte Clicker-Training bereits seit Jahrzehnten fester Bestandteil in der Erziehung von Hunden, nicht bloß bei Shiba Inus. Auch in Deutschland findet diese Methode immer mehr Verwendung, da ihr Potenzial und ihre Effektivität sich herumsprechen. Dabei ist das Prinzip im

Grunde recht simpel: Erwünschtes Verhalten, das der Hund zeigt, wird schnell und deutlich belohnt. Dadurch wird dieses Verhalten mit etwas Positivem verbunden und die Motivation, es zu wiederholen, steigt für den Vierbeiner. Das Clicker-Training ist somit ein Training auf Belohnungsbasis. Eine erwünschte Handlung sorgt dafür, dass der Hund eine Belohnung bekommt, sei es in Form eines Leckerlis oder eines Spiels.

Erinnert man sich nun an die Aussage aus dem vorherigen Abschnitt – der Shiba Inu wägt ab, ob ihm das Befolgen eines Befehls etwas bringt – wird schnell deutlich, wieso das Clicker-Training sich zur Erziehung dieser Rasse besonders gut eignet.

Aber warum nennt es eigentlich nun Clicker-Training? Der Clicker ist ein kleines Gerät, das bei dieser Erziehungsmethode Anwendung findet. Typischerweise kann man sich seine Funktion folgendermaßen vorstellen: Man drückt auf einen Knopf oder eine Metalllasche und ein Klick-Geräusch ertönt. Ein solches Gerät ist dabei nicht zwingend für diese Art des Trainings notwendig. Ebenso effektiv ist jedes andere Geräusch, das man spezifisch in der gewünschten Situation auslöst, ganz egal, um welches es sich handelt: ein Pfiff, ein Klatschen oder ein kurzer, vom Handy abgespielter Nachrichtenton. Wichtig ist, dass der Hund mit diesem Geräusch verbindet: Das, was ich gerade mache, ist gut und es bedeutet, dass ich belohnt werde!

Aber woher weiß der Vierbeiner, dass das Klicken etwas Positives ist? So intelligent Shiba Inus auch sind, von selbst ist ihnen diese Tatsache natürlich nicht klar. Sich hinzustellen und dem Tier zu sagen, „Wenn du das Klicken hörst, dann machst du etwas richtig!", bringt selbstverständlich überhaupt nichts.

Diese Tatsache muss man dem Tier auf praktische Weise nahebringen.

Das Clicker-Training bedient sich der klassischen Konditionierung. Sollte Ihnen dieser Begriff nichts sagen, dann tut es möglicherweise die Bezeichnung des Pawlowschen Hundes. Der russische Professor Iwan Petrowitsch Pawlow führte Anfang des 20. Jahrhunderts ein Experiment durch, bei dem er mithilfe einer Glocke in Gegenwart seiner Hunde einen akustischen Reiz erzeugte. Zu Beginn hatte dieser Klang auf die Tiere keinerlei Effekte, denn er hatte für sie keine besondere Bedeutung, es war einfach bloß ein Geräusch wie jedes andere auch. Dann ging Pawlow dazu über, seine Hunde jedes Mal unmittelbar nach dem Erklingen der Glocke zu füttern. Bei Erhalt ihrer Nahrung setzte bei den Hunden ein gesteigerter Speichelfluss ein. Dies wiederholte Pawlow über einen längeren Zeitraum. Nach einiger Zeit dann ließ er nur noch die Glocke erklingen, verzichtete jedoch darauf, den Tieren augenblicklich danach ihre Nahrung bereitzustellen. Der beschriebene erhöhte Speichelfluss setzte bei den Hunden dennoch ein, obwohl sie kein Fressen erhielten, denn sie hatten gelernt: Glockenklang = Nahrung.

Noch einmal zusammengefasst: Der bloße Klang einer Glocke hat für einen Hund von Natur aus keinerlei Bedeutung. Doch ist es möglich, dem Tier einen bedingten Reflex anzutrainieren, indem man ein Geräusch unmittelbar mit einer Folge in Verbindung bringt. Auch wenn dieser Reflex antrainiert ist – ist er das erst einmal, kann er genau so wenig unterdrückt werden wie ein angeborener Reflex. Das Experiment von Pawlow ist dabei nur ein Beispiel für dieses Phänomen. Es tritt im Übrigen nicht bloß bei Tieren auf, sondern bei Menschen ebenso und auch nicht immer bloß gewollt.

Stellen Sie sich vor, Sie nehmen Ihr Lieblingsessen zu sich und essen so viel, dass Sie im Anschluss eine starke Übelkeit verspüren, die über mehrere Tage anhält. Es ist sehr gut möglich, dass Sie das nächste Mal, wenn Sie Ihr Lieblingsessen vor sich stehen haben, automatisch Übelkeit empfinden. Auch dies sollten Sie im Hinterkopf behalten, wenn es um die Erziehung Ihres Shiba Inus geht, egal, ob nun durch Clicker-Training oder mit anderen Methoden: Negative Verbindungen setzen sich ebenso fest wie Positive.

Möglicherweise werden Sie nun denken: Schön und gut, aber erziele ich nicht denselben Effekt, wenn ich meinen Shiba Inu für ein erwünschtes Verhalten einfach mit einem Leckerli belohne, ohne dass ich ihm vorher die positive Verbindung zu einem Klick-Geräusch antrainiere? Grundsätzlich ist das korrekt. Die Schwierigkeit an dieser „simplen" Art der Belohnung ist jedoch, dass sich das richtige Timing als sehr schwierig erweisen kann.

Ein Beispiel: Wie mehrfach erwähnt, besitzen Shiba Inus einen ausgeprägten Jagdtrieb. Somit werden Sie bei Spaziergängen erleben, dass die Tiere gerne vor, hinter oder meterweit entfernt neben Ihnen durch die Gegend streifen, Ihnen aber nicht unbedingt ihre Aufmerksamkeit zukommen lassen und schon gar nicht brav bei Fuß laufen, wie es in einigen Situationen durchaus wünschenswert wäre. Nun kann es aber passieren, dass der Shiba Inu sich für ein, zwei Sekunden in einer Position direkt neben Ihnen befindet, die durchaus als „Bei-Fuß-Gehen" interpretiert werden könnte. Nun können Sie hektisch in Ihrer Tasche nach einem Leckerli kramen, ihn dabei schnell loben und ihm die Belohnung überreichen. Wahrscheinlich ist jedoch dabei, dass der Shiba Inu schon wieder meterweit entfernt ist, bis das Lob bei ihm angekommen ist, und er somit keine Verbindung zwischen „Neben Besitzer herlaufen" und „Belohnung" herstellen kann.

Wurde vorher bereits mit dem Clicker oder eben einem anderen klaren, kurzen Geräusch, gearbeitet, läuft das Ganze hingegen folgendermaßen ab: Der Shiba Inu läuft einen kurzen Augenblick lang direkt neben Ihnen und genau diesen Moment nutzen Sie, um den Clicker zu betätigen. Für den Shiba Inu ist somit klar: Das, was ich mache, ist gut, und ich werde dafür belohnt. Vereinfacht ausgedrückt: Richtiges Timing ist mithilfe des Clicker-Trainings weitaus einfacher und stressfreier!

Das Clicker-Training in der Praxis sieht nun folgendermaßen aus: Sie wenden Ihre volle Aufmerksamkeit Ihrem Shiba Inu zu und betätigen den Clicker. Direkt darauf überreichen Sie dem Hund ein Leckerli. Wichtig hierbei: wirklich *direkt* danach und in dieser Anfangsphase des Trainings auch wirklich jedes Mal. Letzteres ist bei Shiba Inus von ganz besonderer Bedeutung, denn wie bereits erwähnt ist Konsequenz bei diesen Tieren das A und O – beim Clicker-Training ebenso wie bei der Durchsetzung von Regeln. Zudem wird grundsätzlich gesagt: Die Verbindung von einer Aktion und einer Reaktion sollte in der Hundeerziehung innerhalb von einer Sekunde erfolgen, sonst wird das Tier keine klare Verbindung herstellen können. Dieses Vorgehen – Click-Belohnung – wiederholen Sie etwa zwanzig bis dreißig Mal hintereinander, gerne auch noch einmal am nächsten Tag. Der intelligente Shiba Inu wird die Bedeutung des Geräusches sehr schnell begreifen, womit die Basis für das Clicker-Training geschaffen ist. Nun kann diese Technik im Alltag eingesetzt werden, in allen möglichen Situationen, in denen Sie Ihrem Shiba Inu ein erwünschtes Verhalten aneignen möchten.

Abbildung 4: Klickertraining

Stubenreinheit

Shiba Inus sind für ihre nahezu katzenartige Sauberkeit bekannt. Diese führt auch dazu, dass sie im Welpenalter bereits nur in großer Entfernung zu ihrem Schlafplatz ihr Geschäft verrichten. An dieser Eigenschaft kann man gut ansetzen, um dem Hund Stubenreinheit beizubringen.

Ansonsten unterscheidet sich das Vorgehen nicht von dem bei anderen Hunderassen: Der Shiba Inu wird sich bemerkbar machen, wenn er den Drang verspürt, sein Geschäft zu verrichten. Anfangs geschieht dies möglicherweise noch subtil, sodass Sie sein Verhalten genau beobachten müssen, um zu erkennen, wenn er unruhig wird. Möglicherweise wird der Hund Sie anstupsen, Geräusche machen oder an der Tür stehen und drängeln. Für ihn ist das ein Mittel der Kommunikation, welches der Besitzer in der Regel versteht und wenn er solch ein Verhalten zeigt, sollte er dafür gelobt werden.

Wenn doch einmal ein Malheur in der Wohnung passiert, gilt dasselbe wie auch bei dem Belohnen von richtigem Verhalten: Der Besitzer hat eine kurze Zeitspanne zur Verfügung, um dem Shiba Inu zurückzumelden, dass dieses Verhalten unerwünscht ist – das bedeutet, den Hund in strenger Tonlage zurechtzuweisen.

Keinesfalls drücken Sie die Nase des Hundes in den Urin oder den Kot, wie es gerade in veralteten Ratgebern oft empfohlen wurde! Der Shiba Inu wird die Verbindung von *Geschäft in der Wohnung* verrichtet und *unerwünschtes Verhalten* nicht herstellen und das Einzige, was bei ihm hängen bleibt, ist, dass sein Besitzer Dinge mit ihm anstellt, die er selbst als Qual empfindet!

Grundsätzlich sollte das beachtet werden: Auch, wenn der Shiba Inu in Ihrer Gegenwart in der Wohnung sein Geschäft verrichtet, sollten Sie die dünne Linie zwischen strenger Zurechtweisung und harter Bestrafung nicht überschreiten. Es ist nämlich durchaus möglich, dass der Shiba Inu sich nicht mehr traut, in der Gegenwart des Besitzers überhaupt sein Geschäft zu verrichten, da es für ihn mit Schimpfen in Verbindung steht. Das Problem wird hier schnell deutlich: Ist man mit dem Hund unterwegs, dann ist man natürlich immer in seiner Nähe. Hat der Shiba Inu aber verinnerlicht, dass er für das Erledigen seines Geschäfts vom Zweibeiner ausgeschimpft wird, wird er sich auch draußen nicht lösen, sondern sich stattdessen in der Wohnung Ecken suchen, in denen seine Hinterlassenschaften nicht sofort entdeckt werden.

Noch einmal: Sie dürfen Ihren Shiba Inu durchaus darauf hinweisen, dass sein Verhalten unerwünscht ist, wenn er gerade sein Geschäft in der Wohnung verrichtet. Dies geschieht aber in Form von deutlicher Strenge und nicht etwa durch lautes Herumbrüllen oder durch die oben geschilderte Maßnahme des Nase-in-den-Urin-Drückens.

Grundsätzlich gilt bei der Stubenreinheit das Gleiche, wie bei der Erziehung des Shiba Inus allgemein: Belohnung statt Bestrafung. Erledigt der Shiba Inu draußen sein Geschäft, loben Sie ihn dafür. Zeigen Sie ihm, dass er etwas richtig gemacht hat, dies wird er sich merken und es wiederholen.

Finden Sie in Ihrer Wohnung einen Haufen oder eine Pfütze, entfernen Sie sie, ohne weiter darauf einzugehen. Der Hund würde einen Zusammenhang nicht erkennen, da bereits zu viel Zeit vergangen ist. Es kann nun sein, dass sich das alles nicht als so einfach erweist, wie es im ersten Augenblick klingen mag. Es ist durchaus möglich, dass es zu Schwierigkeiten kommen kann, die sich zunächst als unerklärlich und unlösbar erweisen.

Ein populäres Beispiel ist, dass der Shiba Inu sich in der Wohnung löst, obwohl er gerade erst spazieren war. Das mag paradox erscheinen, war man mit dem Hund doch gerade erst draußen unterwegs und hat ihn auch dafür gelobt, wenn er dort sein Geschäft verrichtet hat. Wie kann es nun sein, dass er sich dennoch in der Wohnung löst? Gerade, wenn es sich um ein junges Tier handelt, ist die Welt draußen einfach noch unfassbar neu und aufregend. Gerüche, Geräusche, andere Hunde, all das strömt auf den Hund ein und zieht seine Aufmerksamkeit auf sich. Nun ist es schlicht möglich, dass der

Shiba Inu bei all diesen Eindrücken sein Bedürfnis, sein Geschäft zu verrichten, vergisst. Wenn er dann wieder in seinem gewohnten Zuhause ist und Ruhe einkehrt, fällt es ihm jedoch wieder ein, und so verrichtet er sein Geschäft eben jetzt. Daher ist es hilfreich, einen Spaziergang nicht ausschließlich mit Action zu füllen. Auch wenn der Shiba Inu viel Bewegung und Beschäftigung braucht, suchen Sie sich einen ruhigen Ort, an dem Sie Ihrem Hund Zeit geben können, sich ein wenig zu entspannen, sich zu ordnen und seine natürlichen Bedürfnisse zu erledigen.

Dies sollten Sie sich grundsätzlich merken: Ruhe ist bei der Erziehung zur Stubenreinheit von essenzieller Bedeutung. Auch gibt es keinen Grund zur Ungeduld, wenn dieser Schritt in der Erziehung etwas länger dauert. Bereits nach einer Woche unruhig zu werden, weil der Welpe noch immer ab und an sein Geschäft in der Wohnung verrichtet, ist nicht nur nicht nötig, sondern kontraproduktiv, da diese Ungeduld des Besitzers schnell dazu führen kann, die Anspannung auf den Shiba Inu zu übertragen.

Es gibt verschiedene Hilfsmittel, mit denen man die Stubenreinheit des Shiba Inu fördern kann:

Zeitungen: Häufig wird empfohlen, eine Ecke in der Wohnung mit Zeitungspapier auszulegen und dem Hund beizubringen, sich dort zu lösen. In diesem Fall verbindet Ihr Shiba Inu das Zeitungspapier mit dem Erledigen seines Geschäfts und sucht eben diesen bestimmten Ort auf, um seine Notdurft zu verrichten. Dadurch ist es auch möglich, ihn draußen durch das Auslegen von Zeitungspapier dazu zu motivieren, sein Geschäft zu verrichten.

Hundetoilette: Nach einem ähnlichen Prinzip funktionieren Hundetoiletten. Hier wird dem Hund ebenfalls beigebracht, sich bloß an einem bestimmten Ort in der

Wohnung zu lösen. Anders als Katzentoiletten sind Hundetoiletten jedoch nicht mit Streu gefüllt, sondern besitzen einen Boden, der natürlichem Untergrund, wie beispielsweise Gras, nachempfunden ist. So gewöhnt sich der Shiba-Welpe in einer ihm bekannten und ruhigen Umgebung an eben diesen Untergrund und bringt ihn auch draußen beim Spazierengehen mit dem Erledigen seines Geschäfts in Verbindung.

Box: Eine Box kann in der Erziehung zur Stubenreinheit auf zwei Arten eingesetzt werden. Einmal lässt sie sich ähnlich wie eine Hundetoilette nutzen, sodass der Shiba Inu lernt, in ihr sein Geschäft zu verrichten. Dabei ist es hilfreich, den Untergrund etwa mit Gras auszulegen, um den oben genannten Effekt der Gewöhnung zu erzielen. Es ist aber auch möglich, die Box dafür einzusetzen - den Shiba Inu nachts darin unterzubringen. Der Gedanke dahinter ist folgender: Der Hund kann die Box nicht eigenständig verlassen, sondern benötigt die Hilfe seiner Besitzer. Da Hunde sich nicht an ihrem Schlafplatz lösen, müssen sie sich entsprechend bemerkbar machen, sodass ihr Besitzer sie aus der Box holt und mit ihnen nach draußen geht. So wird verhindert, dass das Tier sein Geschäft nachts in der Wohnung verrichtet. Diese Methode bringt allerdings auch Nachteile mit sich: Je nachdem, wie fest Ihr Schlaf ist und wo Sie die Box mit Ihrem Shiba Inu platzieren, ist es möglich, dass der Hund sehr lange winseln muss, bis endlich eine Reaktion erfolgt. Im Zweifel wird er sich auch in der Box lösen, da er nicht ewig an sich halten kann. Grundsätzlich gilt: Eine solche Box ist mit Stress für den Shiba Inu verbunden.

Pads: Pads sind saugfähige Unterlagen, die dafür genutzt werden können, bestimmte Teile der Wohnung oder eben eine Box auszulegen, um das Säubern zu erleichtern. Diese Pads müssen regelmäßig ausgetauscht und entsorgt werden.

Enzymreiniger: Enzymreiniger können häufig auch als Allzweckreiniger verwendet werden, sind jedoch speziell für die Beseitigung von Kot, Urin, Erbrochenem oder für die Reinigung der Hundetoilette geeignet. Die Enzyme und probiotischen Bakterien, die der Reiniger enthält, sorgen dabei dafür, dass auch Gerüche entfernt werden.

Weitere Tipps und Tricks:

Hunde lösen sich grundsätzlich nicht in der Nähe ihres Fressplatzes. Diese Eigenschaft kann man nutzen, besonders, wenn der Shiba Inu einen bestimmten Platz in der Wohnung hat, an dem er ab und an sein Geschäft verrichtet: Verteilen Sie Brocken seines Futters an der entsprechenden Stelle und lassen Sie es den Shiba Inu suchen und fressen.

Häufig wird angeraten, alle zwei Stunden mit dem Welpen nach draußen zu gehen. Dies ist jedoch nur bedingt hilfreich, da dieser Rhythmus nicht bei jedem Hund dem eigenen entspricht. Regelmäßigkeit ist wichtig, besonders tagsüber, während der Shiba Inu sich nachts durch häufiges Wecken eher gestört fühlen wird und zu dieser Zeit in der Lage ist, deutlich länger anzuhalten. Dabei sollten Sie jedoch selbst herausfinden, welcher Rhythmus für Ihr Tier nun passend ist.

Auch draußen kann es hilfreich sein, zum Erledigen des Geschäfts immer den gleichen Ort aufzusuchen. Signalisiert Ihnen Ihr Shiba Inu, dass er sich lösen muss, gehen Sie mit ihm ein paar Schritte nach draußen, immer an denselben Platz. Dies hat auch den Vorteil, dass der Welpe diesen Ort bald gut kennt und sich nicht mehr so stark von Gerüchen oder anderen Eindrücken ablenken lässt.

Generell müssen Welpen sich häufiger lösen als erwachsene Tiere. Kritische Punkte, an denen Sie Ihren Shiba Inu am besten nach draußen bringen, sind nach dem Fressen, nach dem Spielen und nach dem Aufwachen.

Es kann passieren, dass Ihr erwachsener Shiba Inu, der bisher stubenrein war, anfängt, in die Wohnung zu urinieren. Auch dies tut er nicht aus reiner Boshaftigkeit, sondern es stecken Gründe dahinter. Beispielsweise kann eine Erkrankung vorliegen, wie etwa Nierenprobleme, Blasenerkrankungen, Diabetes oder Inkontinenz. Daher sollten Sie im Zweifel einen Tierarzt aufsuchen. Aber auch psychische Gründe können die Ursache dafür sein, dass der Shiba Inu seine Stubenreinheit plötzlich verlernt zu haben scheint. So kann es schlichtweg sein, dass er Aufmerksamkeit möchte. Entdeckt der Besitzer eine Pfütze und schimpft im Nachhinein mit ihm, wird von dem Tier, wie bereits erwähnt, keine Verbindung hergestellt, was jedoch hängen bleibt, ist, dass er Beachtung bekommt. Auch wenn der Shiba Inu, welcher von Natur aus ein eher territoriales Tier ist, sein Heim plötzlich mit anderen Tieren teilen muss, kann es sein, dass er auf diese Art dagegen protestieren möchte. Lange Abwesenheiten des Besitzers können ebenfalls ein Auslöser sein – nicht bloß, weil der Shiba Inu zu lange auf einen Spaziergang warten muss, sondern auch wegen des Stresses, der mit dieser Trennung verbunden ist. Ein geänderter Tagesablauf kann ebenfalls einen solchen Stress auslösen.

Zusammengefasst lässt sich also sagen: Ist der Shiba Inu plötzlich nicht mehr stubenrein, muss nach den Ursachen geforscht und diese beseitigt werden.

Allein bleiben

Vorweg sei gesagt: Kein Hund ist gerne allein, besonders nicht über einen längeren Zeitraum. Eine Art Faustregel besagt, dass man seinen Hund nicht länger als vier Stunden allein lassen und dies auch nicht die Regel sein sollte. Ist man aus beruflichen oder sonstigen Gründen nicht in der Lage, sich mit angemessenem Zeitaufwand um das Tier zu kümmern, sollte von der Anschaffung eines Hundes grundsätzlich Abstand genommen werden!

Ein Shiba Inu wird kein Problem damit haben, regelmäßig allein zu sein. Das mag zunächst positiv klingen, ist es aber nicht. Wie bereits erwähnt, sind diese Hunde sehr charakterstark sowie eigenständig und ein regelmäßiges Alleinlassen wird dafür sorgen, dass diese Eigenschaften des Shiba Inus sich noch stärker ausbilden.

Infolgedessen wird er eine starke Unabhängigkeit entwickeln, dazu neigen, Ihre Befehle zu überhören und sein eigenes Ding durchzuziehen. Allein zu sein bedeutet für ihn, sich selbst beschäftigen zu müssen – und das kann er. Sind Sie dann wieder zuhause, wird er dann nicht einsehen, wieso er auf einmal wieder auf Sie hören sollte.

Gerade die Welpen erfordern einen engen Kontakt zu ihren Bezugspersonen und sollten keinesfalls lange allein gelassen werden.

Das alles bedeutet natürlich nicht, dass Sie Ihrem Shiba Inu nicht beibringen können, allein zu bleiben, damit Sie Ihre Erledigungen machen oder Termine wahrnehmen können. Nur sollte es nicht zur täglichen Regel werden! Haben Sie nicht die Möglichkeit, Ihren Shiba Inu mit zur Arbeit zu nehmen, und müssten Sie ihn daher über Stunden jeden Tag allein lassen, dann sollten Sie sich keinen solchen Hund anschaffen.

Das Alleinbleiben bringen Sie Ihrem Shiba-Welpen Schritt für Schritt bei. Dabei ist es erforderlich, keine überschwänglichen Emotionen an den Tag zu legen: Das Alleinbleiben soll für Ihren Hund etwas Selbstverständliches sein. Mitleidige oder Trost spendende Worte zum Abschied oder auch bei der Begrüßung sind hierbei kontraproduktiv und können sogar dafür sorgen, dass der Hund ein Gefühl von Schuld entwickelt.

Im ersten Schritt des Trainings verlässt der Besitzer das Zimmer, in dem sich der Shiba Inu befindet, und schließt die Tür hinter sich. Dabei verhält er sich ruhig, damit der Hund ihn auch nicht hört. Nach etwa zehn Minuten geht der Besitzer zurück ins Zimmer, wobei auf übertriebene Wiedersehensfreude verzichtet wird. Nur so begreift der Shiba Inu das Alleinsein als etwas Selbstverständliches.

Im nächsten Schritt verlässt der Besitzer nun nicht bloß das Zimmer, sondern das Haus. Auch dort wird gelauscht, wie der Hund reagiert. Shiba Inus sind nun grundsätzlich keine Hunde, die viel bellen, sodass dies auch nun nicht der Fall sein wird. Möglicherweise vernehmen Sie aber ein Fiepen oder Winseln oder auch den berühmten „Shiba-Schrei", mit dem das Tier seinen Unmut über die Situation kundtun möchte.

Die Zeit, über die der Shiba Inu allein gelassen wird, wird nun allmählich gesteigert. Hunde besitzen kein ausgeprägtes Zeitgefühl, sodass Ihnen der Unterschied zwischen dreißig Minuten und drei Stunden nicht großartig auffallen wird.

Grundsätzlich bietet es sich an, den Shiba Inu während der Abwesenheit der Besitzer auf seinen Schlafplatz zu schicken. Dieser sollte sich an einem ruhigen Ort befinden, der wenig Ablenkung bietet. So ist es nicht hilfreich, diesen Platz an einem Ort zu haben, an dem der Shiba Inu die ganze Zeit über eine stark befahrene Straße beobachten kann, da er so kaum zur Ruhe kommen wird.

Natürlich wird der Shiba Inu jedoch auch bei optimalem Training nicht unbedingt die ganze Zeit über in seinem Körbchen oder auf seiner Decke bleiben, sondern auch durch die Wohnung laufen und alles erkunden. Daher ist es wichtig, mögliche Gefahrenquellen zu beseitigen, an denen das Tier sich verletzen könnte. Gläser, die durch Herunterfallen zerbrechen könnten, sollten außer Reichweite gebracht werden, Kleinkram, an denen der Shiba Inu sich verschlucken könnte, ebenfalls. Gleiches gilt für Plastiktüten, an denen er ersticken könnte. Fenster, insbesondere in den oberen Stockwerken, gehören geschlossen – die Neugierde und der Jagdtrieb des Shiba Inus können sonst leicht dazu führen, dass er hinausstürzt. Selbstverständlich sollte es sein, kein Essen auf dem Tisch stehenzulassen – ansonsten wird davon bei der Rückkehr des Besitzers sehr wahrscheinlich nichts mehr übrig sein.

Wichtig ist zudem: Stellen Sie Wasser bereit. Verspürt der Shiba Inu Durst und merkt, dass er kein Wasser zur Verfügung hat und niemand da ist, der ihm welches geben kann, wird er das Alleinsein mit Stress verbinden und es als unangenehm empfinden.

Tipp:
Es gibt Hunde, die unter Trennungsängsten leiden. In diesem Fall ist es oft hilfreich, dem Tier ein getragenes T-Shirt ins Körbchen zu legen. Der bekannte Geruch des Besitzers wird dem Vierbeiner Sicherheit vermitteln und dafür sorgen, dass er entspannter ist.

Kommandos und Kommando-Training

Shiba Inus haben viel Spaß am Lernen und wollen gefordert werden. Daher ist es unter Berücksichtigung der richtigen Trainingsmethode, wie etwa des bereits erläuterten Clicker-Trainings, gut möglich, ihnen alle möglichen Tricks beizubringen, mit denen sich Freunde und andere Hundehalter beeindrucken lassen.

Neben diesen lustigen Tricks gibt es jedoch einige Kommandos, die der Hund auf jeden Fall beherrschen sollte, um das Zusammenleben mit ihm zu erleichtern und ihn vor Gefahren zu schützen.

Sitz!

Das Kommando „Sitz" gilt als absolute Basis der Hundeerziehung. Sitzt der Shiba Inu, kann er sich besser konzentrieren, da er sich in einem Ruhezustand befindet, wobei es auch leichter ist, seine Aufmerksamkeit zu erlangen. Zudem ist es möglich, dem Tier beizubringen, so lange sitzen zu bleiben, bis ein Aufhebungskommando erfolgt, um so dafür zu sorgen, dass der Shiba Inu an einem Ort wartet.

Um den Shiba Inu in eine sitzende Position zu bringen, nehmen Sie ein Leckerli in die Hand. Zeigen Sie es dem Hund, damit er weiß, dass Sie es in der Hand halten. Dann bewegen Sie die Hand mit dem Leckerli nach oben – so hoch, dass der Shiba Inu den Kopf heben muss, um es sehen zu können, aber nicht so hoch, dass er springen muss, um daran zu kommen. Bewegen Sie es dann über seinen Kopf langsam nach hinten. Versucht der Shiba Inu, danach zu springen oder geht er rückwärts, kommentieren Sie das mit einem deutlichen Nein und wiederholen Sie das Vorgehen. Die meisten Hunde werden sehr schnell dazu übergehen, sich hinzusetzen. Nun belohnen Sie Ihren Shiba Inu mit dem Leckerli, worauf dazu zu achten ist, dass er noch sitzt, wenn er es bekommt.

Abbildung 5: Sichtzeichen "Sitz"

So lernt der Welpe das Kommando „Sitz!":

- Junge Welpen, die noch keine Erfahrung mit Lernübungen gemacht haben, verstehen die Kommandos „Sitz" und „Platz" sehr schnell.
- Für „Sitz" ein Leckerchen zwischen Daumen und Mittelfinger nehmen.
- Die Hand mit dem Leckerchen an seiner Nase nach oben vorbeiführen.
- Sobald das Gesäß in Richtung Boden geht, gibt man das Kommando „Sitz!".
- Setzt sich der Welpe hin und versucht dann aber sich auf die Hinterbeine zu stellen, muss das Verhalten mit einem scharfen „Nein" unterbunden werden.

- Hat sich der Welpe hingesetzt, erfolgt sofort die Belohnung.
- Mit jedem Mal länger mit der Gabe eines Leckerchens warten.
- Nach einigen Übungseinheiten spricht man das Kommando „Sitz" ohne ein Leckerchen aus, da der Welpe nur auf das Handzeichen reagieren soll.

Mit dem Klopfen auf die eigenen Schenkel oder indem man in die Hände klatscht, wird dem Welpen signalisiert, dass er aufstehen und kommen darf. Wichtig ist auch zu beachten, dass während der Welpenerziehung nicht nur Konsequenz von Bedeutung ist, sondern auch ganz viel Ruhe. Es sollten niemals starke emotionale Gefühlsregungen gezeigt werden, nicht geschrien werden und vor allem keine Gewalt angewandt werden.

Platz!

Das Kommando „Platz" wird häufig damit gleichgesetzt, dass der Hund sich hinlegt. Entscheidender ist jedoch dabei, dass er dies an einem bestimmten Ort tut – eben seinen „Platz" aufsucht. So sorgt dieses Kommando dafür, dass man seinen Shiba Inu aus dem Weg schicken kann, wenn dieser einem wieder einmal zwischen den Beinen herumwuselt.

Auch als Welpen können Sie Ihrem Shiba Inu bereits das Kommando „Platz" beibringen. Liegt er in seinem Körbchen oder an einem anderen Ort, streicheln Sie ihn und wiederholen Sie immer wieder das Wort „Platz". So bekommt dieses Wort für ihn eine positive Bedeutung.

So lernt der Welpe das Kommando „Sitz!":

- Hat sich der Hund auf sein Plätzchen oder Decke niedergelassen, kann man ihn streicheln und dabei immer wieder sagen „Platz". So verbindet er das Wort „Platz" mit einem positiven Erlebnis.

- Sobald man merkt, dass der Welpe müde ist, wird er zu seinem Körbchen gelockt, beispielsweise mit einem Leckerchen. Legt er sich in das Körbchen hinein, wiederholt man das Wort „Platz".

- Hat man diese Übung einige Zeit wiederholt, kann man im nächsten Schritt versuchen, allein durch das Aussprechen des Wortes „Platz" den Welpen auf seine Decke oder in sein Körbchen zu schicken. Geschieht dies ohne weitere Probleme, dann ist ein dickes Lob fällig.

Abbildung 6: Sichtzeichen "Platz"

Wichtige Punkte:

- Junge Welpen, die noch keine Erfahrung mit dem Lernen gemacht haben, verinnerlichen die Kommandos

„Sitz" und „Platz" sehr schnell.

- Basierend auf den Befehl „Sitz!" kann man beim Training mit dem Welpen das Kommando „Platz!" üben.

Halt!

Durch „Halt" wird der Shiba Inu dazu gebracht, stehen zu bleiben und so zu warten, bis er das Kommando bekommt, sich wieder bewegen zu können. Das ist insbesondere wichtig, wenn man sich an gefährlichen Orten, wie beispielsweise an einer Straße, befindet, an denen das Tier schnell in Gefahr geraten könnte.

Um dem Shiba beizubringen, zu warten, ist es hilfreich, wenn er bereits die Befehle „Sitz" und „Platz" beherrscht. Bringen Sie Ihren Shiba Inu mit „Sitz" dazu, sich hinzusetzen, und entfernen Sie sich Schritt für Schritt langsam von ihm und sagen Sie deutlich „Bleib!". Bevor der Shiba Inu die Möglichkeit hat, aufzuspringen und Ihnen zu folgen, gehen Sie zurück zu ihm und belohnen Sie ihn mit einem Leckerli. Die Distanz wird langsam gesteigert. Der Blick sollte beim Training auf den Shiba Inu gerichtet sein, damit man merkt, wenn dieser aufsteht und sich in Bewegung setzt.

Weiter!

Das Kommando „Weiter" kann als Auflöse-Signal verwendet werden, um die „Sitz"-, „Platz"- oder „Halt"- Position des Shiba Inus zu beenden.

Fuß!

Läuft der Shiba Inu bei Fuß, gestaltet sich das Spazierengehen mit ihm um einiges entspannter. Gerade in Innenstädten mit schmalen Gehwegen und Menschenmassen ist es oft nötig, den Shiba Inu dicht bei sich zu halten. Es ist von Vorteil, wenn dies allein durch das Kommando „Fuß" möglich ist, da es ein Ziehen an der Leine und damit Druck und Stress erspart.

„Fuß" kann dem Shiba Inu gut mithilfe des Clicker-Trainings beigebracht werden: Befindet er sich während des Spazierengehens neben Ihnen an der gewünschten Position, clickern Sie, sagen deutlich „Fuß" und geben ihm ein Leckerli.

Hier!

Durch „Hier" wird der Shiba Inu aufgefordert, aus größerer Distanz zu seinem Besitzer zurückzukommen. Auch wenn Angehörige dieser Rasse oftmals überhaupt nicht ohne Leine laufen gelassen werden können, ist es dennoch hilfreich, diesen Befehl zu beherrschen.

Zum Üben des Kommandos „Hier" ist es vorteilhaft, sich in einer Umgebung zu befinden, die wenig Ablenkung bietet. Auch eine zweite Person ist hilfreich. Diese zweite Person hält nun den Shiba Inu fest, während Sie sich mit einem Leckerli in der Hand von ihm entfernen. Zu Beginn sollte die Distanz hierbei nicht zu groß sein! Rufen Sie ihn nun mit „Hier". Gerade Welpen besitzen noch ihren Folgetrieb und werden zu ihnen kommen, für ältere Hunde wird das Leckerli den nötigen Anreiz schaffen. Ist der Shiba Inu bei Ihnen angekommen, folgt die Belohnung sofort.

Zu beachten ist: Es ist besser, sich hinzuhocken und sich „kleinzumachen", wenn man den Hund zu sich ruft. Sich über ihn zu beugen, wirkt bedrohlich auf das Tier und verursacht Stress!

Außerdem: Wird das Kommando „Hier" nur dazu verwendet, um den Shiba Inu wieder anzuleinen oder anderweitig ein Verhalten zu beenden, welches ihm Spaß macht, wird er diesen Befehl schnell mit einem negativen Gefühl verknüpfen. Auch hier würde das Abwägen des

Nutzens dafür sorgen, dass der Shiba Inu diesen Befehl nicht mehr befolgen würde.

So bringt man dem Hund bei, zurückzukommen:

- Den Welpen dann zu sich rufen, wenn kaum Ablenkung für ihn vorhanden ist. Blickt er dann in Richtung seines Herrchens, das Kommando wiederholen. Man sollte in die Hocke gehen, damit man mit dem Tier auf einer Augenhöhe ist. Ist der junge Hund dann zurückgekommen, muss man ihn überschwänglich loben. Bei Belieben kann man auch Leckerchen geben. So lernen die Welpen sicher zurückzukommen.

- Kommt der Welpe partout nicht zurück oder macht sich gerade auf und davon, sollte man auf keinen Fall schimpfen oder ihm nachlaufen. So lernt er nämlich, dass er schneller ist als sein Besitzer und wird dies möglicherweise immer wieder ausprobieren. Ein altes Rezept ist es, sich einfach umzudrehen und in die andere Richtung zu gehen. Der Großteil der Welpen erkennt schnell, dass ihre Bezugsperson nicht mehr da ist und sie laufen ihnen dann hinterher. Ist der Welpe endlich angekommen, muss er gelobt werden, dabei kann man das Kommando immer wieder laut sagen.

- Wenn das Zurückkommen nach einer Weile nicht funktioniert, kann eine Schleppleine Abhilfe schaffen. Dadurch umgeht man, dass die Welpen sich in eine Gefahrensituation begeben und auch andere nicht gefährden. Mit der Schleppleine geht man genauso vor, wie bei den beiden vorherigen Übungen. Der Vorteil ist allerdings, dass man zu jeder Zeit die Kontrolle über den Hund hat und ihn bei Bedarf zurückholt, wenn er auf das

Kommando nicht hören will. Mit einem leichten ziehen an der Leine signalisiert man dem Welpen, was man von ihm wünscht. Doch Vorsicht: niemals an der Schleppleine und dem kleinen Hund feste zerren, um ihn zurückzuholen. Es besteht dann die Gefahr, dass er, einmal von der Leine losgemacht, nicht mehr zurückkommt.

Stopp!

Ist der Shiba Inu überdreht, spielt er zu wild oder springt er zur Begrüßung Leute an, kann ihm mit einem deutlichen „Stopp" signalisiert werden, dass er seine aktuelle Handlung unterbrechen soll. Das Kommando „Stopp" kann gut im eigenen Garten trainiert werden. Zu Beginn locken Sie den Shiba Inu mit einem Leckerli zu sich. Kommt er zu Ihnen, erhält er das Leckerli und wird ausgiebig gelobt. Nun gehen Sie weiter, ohne einen Kommentar dazu abzugeben oder den Hund weiter zu beachten, bis zum Ende des Gartens und dann wieder zurück. Sollte Ihr Shiba Inu in der Zwischenzeit abgelenkt sein, wiederholen Sie den ersten Schritt, um seine Aufmerksamkeit erneut zu erlangen. Dies wiederholen Sie drei bis vier Mal.

Der nächste Schritt besteht darin, das Leckerli mit ausgestreckter Hand nach oben zu halten – diese Geste wird somit auch die Geste für dieses Kommando – und es, wenn Ihr Shiba Ibu auf Sie zu gerannt kommt, über ihn hinweg zuwerfen, sodass es hinter ihm auf dem Boden landet. Damit wird Ihr Vierbeiner nicht gerechnet haben, sodass er im Idealfall aus dem Lauf abrupt stehen bleibt und zurückgeht, um das Leckerli zu holen. So geht es nun einige Male weiter: Mal geben Sie dem Shiba Inu das Leckerli aus der Hand, mal werfen Sie es über ihn auf den Boden. So wird verhindert, dass das kluge Tier ein Muster erkennt und sich auf die Situation einstellt.

Nach einigen Wiederholungen wird der Shiba Inu bereits von sich aus aus dem Lauf stehen bleiben, um zu sehen, wie er das Leckerli dieses Mal bekommen wird. Dies ist der Punkt, an dem Sie ihn mit dem Kommando „Stopp" vertraut machen können, welches Sie immer kurz, bevor er stehen bleibt, rufen.

Sobald dieser Schritt gut klappt, zögern Sie nach dem Anhalten den Punkt des Leckerli-Werfens immer weiter hinaus. So lernt der Shiba Inu, auch länger stehen zu bleiben.

Am wirksamsten ist das Stopp-Kommando dann, wenn es direkt danach von „Sitz" oder „Platz" begleitet wird. Ein Hund, der steht, ist nämlich noch immer recht anfällig für Ablenkungen.

Nein!

Bei dem Kommando „Nein" spielt wieder einmal die Konsequenz eine große Rolle. Durch „Nein" wird dem Shiba Inu klar gemacht, dass das Verhalten, das er momentan zeigt, ein Unerwünschtes ist. Wichtig ist dabei: Auf eine tiefe, dunklere Stimmlage reagiert der Hund besser als auf eine schrille. Die dunkle Tonlage wirkt wahrscheinlich so bedrohlich auf ihn, dass er automatisch sein Verhalten unterbricht, dass er beispielsweise den Schuh, auf dem er herumkaut, loslässt. Tut er dies, folgt ein Lob und dadurch die Bestätigung, dass diese Reaktion wichtig war. Würde eine solche positive Bestätigung wegfallen, ist es gut möglich, dass der Shiba Inu mit diesem Verhalten weiter macht, was bei beiden Seiten zu Frustration führen würde.

Konsequenz bedeutet hier auch: Alle Familienmitglieder müssen sich einig sein, was der Shiba Inu darf und was nicht!

Ein Tipp: Das Wort „Nein" wird von uns im Alltag häufig verwendet, was bei dem Shiba Inu zu Verwirrung und Frustration führen kann. Zudem ist die Aussprache von „Nein" an sich eher hell, was der gewünschten Wirkung widerspricht. Daher bietet es sich an, stattdessen das englische Wort „No" zu verwenden.

Aus!

„Aus" ist ein Befehl, der durchaus lebensrettend für den Shiba Inu sein kann. Das Ziel hierbei ist es, den Hund auf Kommando dazu zu bringen, sein Maul zu öffnen und etwas, was er darin festhält, loszulassen. Besonders im Fall von giftigen oder scharfen Dingen ist dies sehr wichtig. Aber auch bei Ball- oder anderen Apportierspielen ist dieses Kommando hilfreich.

Dieser Befehl kann dem Shiba Inu sehr gut auf spielerische Art beigebracht werden. Nehmen Sie ein Spielzeug und stecken Sie einige Leckerlis in Ihre Tasche. Besonders beim Shiba Inu ist hier wichtig: Die Leckerlis müssen ihm am Ende attraktiver erscheinen als das Spielzeug, da er wie Vorgangs erwähnt abwägen wird, was ihm lohnenswerter vorkommt. Nun beginnen Sie, mit Ihrem Shiba Inu zu spielen, und geben ihm sein Spielzeug. Hält er dieses in der Schnauze, ziehen Sie seine Aufmerksamkeit auf sich und präsentieren Sie ihm ein Leckerli. Um dieses zu bekommen, wird der Hund sein Spielzeug wahrscheinlich loslassen. In dem Moment, in dem er dies tut, sagen Sie deutlich „Aus!" und belohnen ihn sofort mit dem Leckerli.

Abbildung 7: Sichtzeichen "Aus"

Auge!
Auf Kommando den Blickkontakt mit dem Shiba Inu herstellen zu können, kann in vielen Situationen hilfreich sein. Das Training von anderen Kommandos wird hierbei erleichtert, da man die Aufmerksamkeit des Tieres auf sich zieht. Doch kann es ebenfalls dazu genutzt werden, um den Blick des Vierbeiners von Gefahrenquellen, bellenden Artgenossen oder von für ihn beängstigenden Dingen abzuwenden.

Hundespiele

Der Shiba Inu ist eine Hunderasse, die beschäftigt werden muss, viel Bewegung braucht und gefordert werden will. Dafür gibt es viele verschiedene Möglichkeiten, in Form von anspruchsvollen Spielen oder auch Hundesportarten.

Manche Shiba Inus finden bereits großen Gefallen daran, ihren Besitzer beim Joggen oder Radfahren zu begleiten. Die drahtigen Tiere haben aufgrund ihrer rassebedingten Kondition im Normalfall keine Probleme damit, das Tempo zu halten.

Einige Tiere haben auch Spaß an der bekannten Hundesportart Agility. Bei dieser geht es darum, dass Hund und Besitzer gemeinsam einen Hindernisparcours bestreiten, wobei eine gute Zusammenarbeit zwischen Mensch und Tier unabdingbar ist. Wichtig hierbei ist ebenfalls, dass der Shiba Inu körperlich fit, grundsätzlich sozial verträglich ist und einen guten Grundgehorsam besitzt.

Abbildung 8: Shiba Inu springt über einen doppelten Sprung

Auch Zuhause kann der Shiba Inu mit diversen Spielen angemessen beschäftigt werden. Eine Möglichkeit dafür sind Nasenspiele. Dieser Begriff bezeichnet grob gesagt alle Arten von Beschäftigung, bei denen auf den ausgeprägten Geruchssinn des Shiba Inus zurückgegriffen wird. Dieser wird dadurch ebenso gefördert wie die Konzentration und die Ausdauer des Hundes.

Dabei gibt es verschiedene Optionen. Beispielsweise können Sie mit ihm „Geruchsmemory" spielen. Hierbei stellen Sie drei Behälter – beispielsweise Plastikbecher oder Blumentöpfe – nebeneinander auf. Bei Blumentöpfen ist hierbei der Vorteil, dass sie über Löcher verfügen, durch die der Duft besser zu erschnüffeln ist. Unter einem der Töpfe platzieren Sie ein Leckerli. Nun lassen Sie den Shiba Inu an den Töpfen schnüffeln und belohnen ihn durch ein Signalwort oder den Clicker, wenn er lange an jenem Topf herumschnüffelt, unter dem das Leckerli liegt. Heben Sie den Topf schnell hoch, damit Ihr Hund sofort seine Belohnung bekommt. Dieses Spiel kann auch ausgebaut werden, indem man dem Shiba Inu beibringt, nach etwas Bestimmtem zu suchen, wofür man ihm vorher ein Geruchsmuster zeigt, das dem Geruch des Objekts unter einem der Becher gleicht. Beginnen kann man hiermit ebenfalls mit Leckerlis, im Laufe der Zeit kann aber auch zu nicht-essbaren Dingen übergehen, für deren Erschnüffeln der Shiba Inu dann entsprechend belohnt wird.

Ein weiteres Nasenspiel ähnelt dem vorigen in gewisser Weise: Der Shiba Inu kann lernen, einen bestimmten Gegenstand, wie beispielsweise eine Socke, zu suchen. Dies gelingt wie immer mithilfe von Leckerlis - diese werden zunächst demonstrativ unter der Socke platziert, sodass der Shiba Inu es sieht und motiviert zu dem Gegenstand läuft. Später wird das Leckerli dann nicht mehr unter die Socke gelegt, sondern direkt gereicht, wenn der Shiba Inu die Socke aufgespürt hat.

Wie Sie sehen, gibt es eine Menge Möglichkeiten, den Geruchssinn des Shiba Inus zu nutzen und welche wiederum noch beinahe unbegrenzt variiert und ausgebaut werden können. Testen Sie ruhig ein wenig herum, schauen Sie, welche Gegenstände sich in Ihrem Haus befinden, die sich für derartige Spiele eignen könnten, und finden Sie heraus, was Ihrem Shiba Inu besonders viel Freude bereitet!

Eine weitere Beschäftigung, die am Jagdinstinkt des Shiba Inus ansetzt, ist der Einsatz einer sogenannten Reiz-Angel. Eine Reiz-Angel ist ein bis zu zwei Meter langer, biegsamer Stab, an dessen Ende sich eine etwa gleich lange Schnur befindet, an der wiederum etwas befestigt wird, das die Aufmerksamkeit des Hundes auf sich zieht, etwa ein Stück

Stoff oder ein Plüschtier. Eine solche Reiz-Angel dient dabei nicht bloß der Auslastung, sondern wird als Training eingesetzt. Das Ziel ist es, dass der Hund seinen natürlichen Jagdinstinkt ausleben und sich auspowern kann. So ist es auch möglich, dem Hund beizubringen, dass eine potenzielle Beute nicht unter allen Umständen gehetzt wird. Dabei darf diese Beschäftigung nur wenige Minuten erfolgen. Der Shiba Inu wird sich schnell komplett verausgaben, zudem belasten schnelle Richtungswechsel Muskeln und Gelenke, was zu gesundheitlichen Schäden führt. Zu Beginn erfolgt die Bewegung der Reiz-Angel nur langsam, damit der Shiba Inu sich daran gewöhnen kann. Mit der Zeit wird das Tempo dann gesteigert, auch kann das Ganze ergänzt werden, indem der Shiba Inu darauf trainiert wird, erst auf Kommando mit der Jagd zu beginnen.

Ernährung

Bei einem Shiba Inu verhält sich die Fütterung ähnlich wie bei seinen Artgenossen, den Akitas: Es kann sehr schwierig werden, das Passende zu finden. Von vornherein sei jedoch gesagt: Kommerzielles Trockenfutter und Nassfutter sind auf Dauer keine Option für ein gesundes Leben. Das gilt nicht nur für den Shiba Inu. In Trockenfutter, welches Sie einfach im Supermarkt kaufen können, sind viele Zusatzstoffe enthalten, die in einem ausgewogenen Hundefutter nichts verloren haben. Einige der Zusatzstoffe, wie zum Beispiel Ethoxyquin, haben in verschiedenen Tierversuchen nachweislich zu Leberkrebs geführt. Ebenfalls ist oftmals das Hundefutter für den Mundgeruch oder auch für Blähungen bei Hunden verantwortlich. Die zugesetzten Getreide-Inhalte sorgen dabei dafür, dass die Verdauung der Tiere aus dem Gleichgewicht gerät. Getreide kann aufgrund der inneren Anatomie von Hunden (Fleischfresser) nicht so gut verdaut werden wie von anderen Tierarten (Pflanzenfresser). Der auf den Produkten angegebene Fleischanteil setzt sich meist aus industriellen Überbleibseln zusammen, wozu auch Federn, gemahlene Hühnerschnäbel oder Krallen zählen. Der beigesetzte Zucker, ebenso wie die färbenden Mittel für das Aussehen, haben dabei keinerlei Daseinsberechtigung in einer solchen Nahrung.

In der Heimat der Shiba Inus werden die Tiere meist noch mit frischem Fleisch, Fisch oder Fischabfällen gefüttert. Das bildet dort die Grundlage ihrer Ernährung und hat sich über viele Jahre bewährt. Die nach wie vor bestehende Ähnlichkeit zu ihren Verwandten, den Wölfen, ist beim

Fressen zudem unübersehbar. Der Shiba Inu arbeitet mit seinem Kiefer ebenso effizient wie ein Wolf oder auch ein Löwe. So bilden diese beiden Tiere eine gute Orientierung für ein optimales Futter.

In der Regel kann man sagen: Das Futter eines Shiba Inus sollte zu ca. 80 Prozent aus tierischen Eiweißen in Form von Fleisch bestehen. Die restlichen 20 Prozent können dann nach Belieben durch Reis, Kartoffeln, Gemüse oder auch durch Nudeln aufgestockt werden.

Die 80 Prozent an tierischem Eiweiß können dabei durch eine ausgewogene Ernährung mit frischem Fleisch erzielt werden. Das beinhaltet neben frischem Fleisch oder Fisch auch das eben genannte in gekochter Form. Zudem sind Knorpel, Flechsen, Sehnen oder Haut eine willkommene Ergänzung. Von welchem Tier das Fleisch am Ende stammt, ist dabei egal, probieren Sie ein wenig herum, bis Ihr Shiba Inu seine liebste Sorte gefunden hat. Zudem sollten Sie das rohe Fleisch zusätzlich durch verschiedene Innereien ergänzen, etwa durch Herz, Leber oder Nieren. Diese enthalten Vitamine und Mineralien, welche der Hund nicht über andere Teile des Tieres aufnehmen kann. Hier bieten sich Hühnchen an, welche noch mit Innereien ausgeliefert werden. Dabei kann man festhalten, dass ein halbes Huhn und die Innereien eine ausgewogene Mahlzeit für einen Tag darstellen. Bleiben Sie bei Geflügel jedoch vorsichtig und füttern Sie dies nur einmal pro Woche. Die im Fleisch enthaltenen Antibiotika können sich auf das Immunsystem Ihres Hundes auswirken.

Übrig sind nun nur noch die Knochen, über die sich Ihr Shiba Inu auch sehr freuen wird. Sie enthalten Kalzium sowie Phosphor, was für die Knochenstärke der Tiere wichtig ist. Beides kann über den Verzehr von Knochen aufgenommen werden. Zudem reinigt es auf natürlichem Wege das Gebiss

Ihres Tieres. Wenn Sie rohes Hähnchen oder Pute füttern, machen Sie sich keine Gedanken um die Knochen. Diese werden erst durch das Kochen oder durch anderweitiges Garen porös und splittern dann leicht.

Die anderen 20 Prozent des Futters können nun durch eine Beilage wie Reis oder Kartoffeln und gekochtem bzw. püriertem Gemüse aufgestockt werden. Kaltgepresstes Lein- oder Distelöl in geringen Mengen ist zudem förderlich für die Verdauung und unterstützt den natürlichen Glanz des Fells. Vermischen Sie diese beiden Teile des Futters und Sie erhalten eine rundum ausgewogene Mahlzeit für Ihren Shiba Inu. So können Sie auf natürliche Weise Ihren Hund artgerecht und gesund ernähren.

Kleine Besonderheiten sind natürlich gerne gesehen. Viele Shiba Inus mögen rohes Eigelb sehr gerne, was Sie jedoch nicht zu oft füttern sollten. Bitte achten Sie zudem darauf, dass Ihr Shiba Inu kein Eiweiß frisst, da er das nicht verträgt.

Einige Züchter sagen zudem, dass während des Fellwechsels ein wenig Bäckerhefe hilft. Das hier enthaltene Vitamin B unterstützt das Fellwachstum und fördert einen schnelleren Fellwechsel.

Sie sehen, die optimale Ernährung eines Shiba Inus übersteigt das, was die meisten Hundebesitzer gewohnt sind. Es ist nicht nur ein zeitlicher Aufwand, den man bedenken sollte, sondern auch ein zusätzlicher Kostenfaktor. Jedoch können Sie das Futter Ihres Hundes auch mit Trockenfutter mischen oder durch Dosenfleisch ergänzen. Der Gesundheitszustand von Shiba Inus, welche bis ins hohe Alter optimal versorgt wurden, belegt jedoch die Wirksamkeit. So können Sie effektiv Altersleiden, wie Knochenbrüche, Humpeln oder auch Zahnprobleme, entgegenwirken. Die natürliche Ernährung stärkt den Shiba Inu von innen heraus, was er Ihnen mit mehr Gesundheit und weniger Tierarztbesuchen danken wird.

Mit Hilfe des Gewichtes kann man also gut erkennen, ob ein Shiba Inu gut genährt ist. Jedoch es gibt noch weiter Anhaltspunkte dafür, ob der Shiba Inu gut ernährt ist:

(1) Das Fell ist weich und es glänzt.

(2) Es gibt nur sehr wenig Haut- oder Fellprobleme.

(3) Man kann die Taille fühlen.

(4) Man spürt die Rippen bei einem leichten Druck.

(5) Größe und Gewicht passen zusammen.

(6) Der Shiba ist agil, neugierig und zeigt Ausdauer.

(7) Der Shiba frisst sein Futtern gern.

Aber es gibt auch noch Anzeichen dafür, dass die Ernährung nicht gut ist:

(1) Der Shiba Inu hat teilweise Haarausfall.

(2) Sein Fell glänzt nicht und ist stumpf.

(3) Allergien treten auf.

(4) Der Hund hat Probleme mit dem Bewegungsapparat.

(5) Es entsteht Übergewicht oder Untergewicht.

(6) Der Hund hat Juckreiz.

(7) Der Hund hat Probleme mit seiner Verdauung.

(8) Es entsteht Zahnstein und die Zähne sind schlecht.

Hundefutter-Ratgeber: BARF

Die eben beschriebene Ernährung beinhaltet bereits zum Teil das Prinzip des Barfens. Dabei geht es hauptsächlich um die Rückbesinnung auf die Ursprünge des Hundes und eine dementsprechende Ernährung. Als Fleischfresser sind Hunde dem Wolf noch sehr ähnlich, der Shiba Inu allen voran. Bei der gebarften Ernährung Ihres Tieres füttern Sie ausschließlich mit Frischfleisch. Hierdurch erhält der Hund in der richtigen Zusammensetzung alles Wichtige, was er braucht. Zudem ist diese Art der Fütterung der natürlichen Beute nach einer Jagd sehr nahe. Das Barfen gibt es nicht nur für den Shiba Inu, sondern ist eine allgemeine Art der Fütterung.

Das Barfen an sich ist jedoch für Mensch und Tier eine Umgewöhnungssache. Zum einen nimmt es täglich etwas mehr Zeit in Anspruch als herkömmliches Dosenfutter, zum anderen kann es für das Tier eine Weile dauern, bis Sie das passende Futter gefunden haben. Seien Sie jedoch unbesorgt – die meisten Hunde reagieren sehr positiv auf die Veränderung und stürzen sich freudig auf das frische Fleisch und auf die Innereien. Die genaue Menge und Zusammenstellung des Futters hängen dabei jedoch von vielen Faktoren des spezifischen Hundes ab. Genaue Mengenangaben oder Ideen zur Zusammenstellung können Sie online bei einem Bedarfs-Rechner für BARF einholen. So können Sie das Futter optimal auf Ihren Hund abstimmen. Jedoch gibt es auch hier eine Faustregel, die besagt, dass ein Hund am Tag ca. 4 Prozent seines Körpergewichtes zu sich nehmen sollte.

Auf dem Speiseplan stehen hier vor allem Innereien, Muskelfleisch oder Haut, aber auch Gemüse, Obst, Öle und natürlich gelegentlich Knochen für Inhaltsstoffe. Lediglich

Schweinefleisch sollten Sie aufgrund der möglichen, gefährlichen Viren vermeiden, zu füttern. Rindfleisch eignet sich am allerbesten, es ist jedoch kein Muss. Bei der BARF-Fütterung bekommen erwachsene Tiere im Schnitt zweimal am Tag Futter. Das ist für die Tiere am bekömmlichsten und am besten zu verdauen. Welpen oder Junghunde können bis zu 5 Mahlzeiten pro Tag bekommen, je nach Aktivität, aktuellem Wachstum und der täglichen Auslastung. Lassen Sie Ihrem Hund nach dem Fressen erst einmal Zeit und gehen Sie nicht gleich auf eine ausgedehnte Gassi-Runde, denn zu viel Bewegung kann zu einer Magendrehung bei dem Hund führen.

Haltung

An sich ist der Shiba Inu ein sehr pflegeleichter Zeitgenosse. Eine seiner Besonderheiten ist dabei der geringe Eigengeruch. Sie kennen das sicherlich, ein Hund riecht eben nach Hund, ganz besonders, wenn er nass wird und das Fell sich vollsaugt. Der Shiba Inu an sich hat kaum einen Eigengeruch, auch nicht, wenn er nass wird. Das macht ihn besonders für geruchsempfindliche Menschen zu einer hervorragenden Haustierwahl.

Am besten gefällt es dem Hund, wenn er zum Teil in der Wohnung und zum Teil draußen gehalten wird. Diese Jagdhunde haben ein sehr ausgeprägtes Auslaufbedürfnis und einen starken Bewegungsdrang, der gestillt werden möchte. Im heimischen Garten wird sich der Hund dabei das ganze Jahr über austoben und auch im Schnee spielen. Demnach sind Zwinger, aber auch eine reine Haltung im Garten nicht optimal, da das Tier einen engen Zusammenschluss mit seiner Familie und seinem Rudel braucht. Das ist nicht nur wichtig, damit Sie sich weiterhin als der Rudelführer zeigen können, sondern dient auch der psychischen Gesundheit des Hundes selbst. Shiba Inus sind sehr intelligente Tiere, welche viel Förderung brauchen. Sie haben einen andauernden Wissensdurst. Ohne eine Beschäftigung wird dem Tier schnell langweilig und es beginnt, sich mit sich selbst zu beschäftigen. Daher kommen viele Schreckensbilder von den kleinen Shiba Inus, die ganze Wohnungen verwüstet haben, nicht selten zum Vorschein. Doch das liegt nicht an dem Hund, sondern lediglich an seiner Auslastung. Sie merken schon – ein Shiba

Inu erfordert auch eine Menge Zeit und Arbeit. Bedenken Sie das, bevor Sie sich für einen solchen Hund entscheiden.

Abbildung 9: Shiba Inu im Schnee

Der Vierbeiner kommt mit den meisten Wettersituationen sehr gut zurecht, besonders Regen oder Kälte bereiten ihm keine Probleme, da er diese Umgebung aus seinem Heimatland Japan kennt. Seine dicke Unterwolle ist dabei auch hilfreich, denn sie schützt ihn sehr effektiv vor Witterungseinflüssen. Jedoch liegt hier bei wärmeren Temperaturen auch ein Problem: Dem Hund wird zu warm und er beginnt, zu hecheln. Für solche Momente sollten Sie einen kühlen Platz in Ihrem Zuhause haben, an welchen sich der Hund zurückziehen kann. Je nach Temperatur reicht dabei ein Platz im Schatten, jedoch ist auch ein kühles Handtuch im Sommer eine willkommene Abwechslung.

Besonders ausgedehnte Spaziergänge sind eine willkommene Ablenkung für den Hund. Shiba Inus haben allgemein einen sehr hohen Auslastungsbedarf, der jedoch über Spiele zu Hause und durch die angesprochenen Spaziergänge gut gedeckt werden kann. Hundesportgruppen oder andere Aktivitäten, bei denen der Shiba Inu mit anderen Hunden interagieren muss, sind nicht so seins. Das liegt hauptsächlich an seiner Intelligenz und dem Führungs-potenzial. Das sorgt auch dafür, dass der Vierbeiner auf seinen täglichen, langen Spaziergang besteht, egal, bei welchem Wetter. Aber auch andere typische Hundespiele, wie das Bällchen holen, sind nichts für diese urige Rasse. Der Shiba Inu fühlt sich dabei unterfordert. Sie sollten immer bedenken: Ihr Vierbeiner hört Ihnen zu und entscheidet erst danach, ob er dem Ganzen folgen möchte und ob ihm das sinnvoll erscheint. Eine grundlegende, strenge Erziehung ist hier wieder sehr wichtig, damit Ihr Hund Ihnen nicht über den Kopf wächst.

Bei der Haltung eines Shiba-Welpen kommt es vor allem auf den engen Zusammenhalt seiner Familie an. Erwachsene Shiba Inus sind gar nicht böse darum, sich selbst zu beschäftigen oder Zeit für sich zu haben, Welpen hingegen mögen das gar nicht. Auch für einen guten Grundstein bei der Erziehung ist dabei ein intensiver Kontakt zwischen Hund und Mensch nötig. Hier steht die liebevolle Strenge wieder im Vordergrund, denn Shiba Inus können sich Schwachstellen merken und diese im Erwachsenenalter ausnutzen, wie zum Beispiel Verbote, die als Welpe hin und wieder einmal ignoriert wurden. Wenn Sie sich den Respekt Ihres Haustieres erarbeiten und diesen ein Leben lang aufrechterhalten.

Fellpflege

Jeder Besitzer muss für sich selber herausfinden, welche Utensilien für ihn und für seinen Shiba Inu am besten geeignet sind. Je nachdem wie die Felllänge ist, gibt es verschiedene Bürsten und Kämme in den Hundefachgeschäften zu kaufen. Nachstehend aufgeführt sind einige Dinge, die man auf jeden Fall haben sollte:

- Grobzinkiger Kamm
- Bürsten mit verschiedenen Härtegraden
- Zupfbürste
- weicher Striegel (kann auch zum Verreiben von Hundeshampoo benutzt werden)
- Scheren (Effilierschere und eine Schere mit abgerundeten Spitzen für die Pfoten/Ohren)
- Bartkamm
- Entfilzungskamm

Ansonsten:

- Flohkamm
- Krallenzange
- Zelltücher
- Zahnpflegeartikel (Zahnbürste oder Fingerling, Zahnpasta, Kauartikel)
- mildes Hundeshampoo, möglich ist auch Babyshampoo
- Zeckenzange / Pinzette
- Vaseline oder Melkfett

Welche speziellen Hilfsmittel gibt es noch zur Fellpflege?

- Spülung oder Conditioner für glänzendes und samtiges Fell
- Ohrentücher
- spezielle Augenreinigungspads
- Hundeschuhe (beispielsweise im Winter oder bei Verletzungen)
- Entfilzungsspray
- Glanzspray

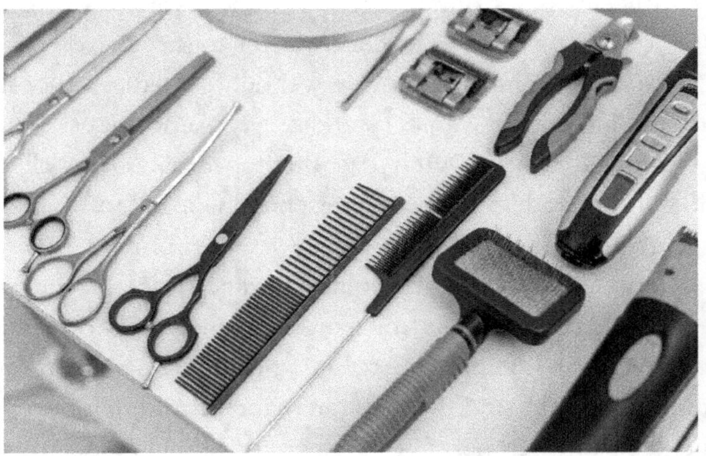

Abbildung 10: Professionelle Ausrüstung für die Pflege

Gerade bei dem Shiba Inu ist eine regelmäßige Fellpflege sehr wichtig. Auch wenn das Fell an sich rau und strapazierfähig ist, braucht es eine einfache, aber notwendige Pflege. Unter dem rauen Deckhaar verbirgt sich eine kuschelig weiche Unterwolle, die den Hund auch an kalten Tagen nicht frieren lässt.

Diese Unterwolle jedoch ist so dicht, dass sie kaum Luft durchlässt. Das kann dazu führen, dass die Tiere, gerade im Sommer, schneller ins Schwitzen geraten. Wenn nun auch das Oberfell verknotet oder leicht verfilzt, ist überhaupt kein Sauerstoffaustausch an der Haut des Shiba Inus mehr möglich. Entstehender Schweiß kann sich nicht verflüchtigen und die permanente Feuchte kann zu Ekzemen oder schlimmeren Hautentzündungen führen, welche sich der Hund schmerzhaft blutig kratzt. Solche Verletzungen heilen schlecht und langsam ab, da sich die Wärme weiterhin unter dem warmen Pelz staut.

Regelmäßiges Bürsten ist somit unerlässlich. Ansonsten ist die Fellpflege des Tieres jedoch wenig anspruchsvoll.

Für das dichte Deckfell verwenden Sie dabei am besten eine Hundebürste mit starken Zinken oder einen Entwirrungsstriegel. Durch das Bürsten erhält das Fell der Shiba Inus zudem seinen typischen Glanz, welcher die einzelnen Fellfarben deutlich zum Vorschein bringt.

Für die dichte Unterwolle eignet sich am besten eine spezielle Unterwollbürste mit harten Zacken. So können Sie leicht kleine Knötchen oder Dreck-Krusten aus dem Pelz kämmen. Zudem sind diese Bürsten auch für die Hunde sehr angenehm und schmerzfrei. Die harten Zähnchen der Bürste sind dabei besonders reizvoll, da Sie Ihrem Hund so bei jedem Bürsten eine kleine Massage geben. Durch das Streifen über die Haut werden die Durchblutung und auch das Haarwachstum angeregt. So unterstützen Sie Ihren Hund dabei, sein eigenes Fell gesund und voll zu regenerieren.

Jedoch sollten Sie Ihren Shiba Inu auch hin und wieder trimmen. Wann genau ein geeigneter Moment dafür ist, können Sie am Verhalten Ihres Hundes bemerken. Kratzt sich Ihr Vierbeiner vermehrt oder schwitzt er stärker, untersuchen Sie das Fell auf Parasiten oder abgestorbene Haare. Wenn sich zu viele abgestorbene Haare auf der Haut befinden, fallen diese zudem verstärkt aus und verteilen sich. Abgestorbene Haare können auf der Haut des Shiba Inus einwachsen und zu noch schlimmerem Juckreiz oder zu Hautentzündungen führen. Wenn Sie damit zu lange warten, kann das auf Dauer die Lebensqualität Ihres Haustieres beeinträchtigen und es fühlt sich unwohl.

Nach dem Fellwechsel im Winter ist ein Zeitpunkt, den Sie dabei besonders beachten sollten. Bei vielen Hunden ist der Fellwechsel deutlich zu erkennen, bei dem Shiba Inu hingegen dauert dies eine Weile. Die dicke Unterwolle löst sich nach und nach und verteilt sich in der ganzen Wohnung. Zu dieser Zeit sollten Sie Ihren Hund mindestens einmal am Tag gründlich ausbürsten, auch, um Ihren eigenen Fußboden und um Ihre Möbel willen. Wenn der Fellwechsel zu Ende ist, empfiehlt es sich, den Hund zu trimmen. Verwenden Sie dabei ein Trimm-Messer, mit dem Sie langsam durch das Fell des Shiba Inus fahren. Abgestorbene Haare werden dabei sanft aus dem Fell gezogen und letzte Reste der locker hängenden Unterwolle ebenso. Der Hund hat dabei keine Schmerzen oder Ähnliches, er freut sich eher über diese ausgiebige Streichel- und Massageeinheit.

Wenn Sie den gesunden Glanz des Fells Ihres Tieres unterstützen wollen, können Sie hin und wieder ein paar Tropfen Leinöl auf das Hundefutter geben. Es ist sehr geschmacksneutral und unterstützt die Haare bei ihrem Glanz und bei neuer Fellbildung.

In gewissen Situationen muss baden einfach sein

Der überwiegende Teil der Hunde mag das Element Wasser und sie lieben es, darin zu spielen. Aber wie sieht es aus, wenn sie in der Wanne abgeduscht werden, um danach shampooniert zu werden? Kaum ein Hund mag das und auch die Shiba Inus hüpfen nicht gerade vor Begeisterung. Wenngleich es auch nicht immer nötig und wünschenswert ist, dass sie oft gebadet werden. Ist der Hund sehr schwer verdreckt, kann er natürlich gebadet werden. Vorher sollte man aber schon den gröbsten Dreck heraus bürsten. Leider ist es so, dass schon vorhandene Verfilzungen nach einem Bad noch schlechter herausgehen.

Wer ein Hundeshampoo einsetzt, sollte es zunächst an einer kleinen Stelle, zum Beispiel der Pfote, ausprobieren. Es gibt unterschiedliche Shampoos, mit verschiedenen Gerüchen und Zusätzen. Es entspricht den gesetzlichen Verordnungen, dass diese Shampoos dermatologisch getestet sein müssen. Dennoch kann es immer mal wieder vorkommen, dass ein Hund auf eine Art allergisch reagieren kann. Darüber hinaus sollte das Hundeshampoo auch auf das Fell des Shibas abgestimmt sein und dies erkennt man daran, dass sofort nach dem ersten Waschen das Fell leicht und seidig fällt. Ist dies nicht der Fall, sollte man eine andere Marke probieren. Die gleiche Vorgehensweise gilt auch bei einer Haarspülung. Viele Halter von Shiba Inus wenden eine anschließende Spülung an, damit sie das Fell leichter durchbürsten können.

Auf zwei Dinge sollte man ein besonderes Augenmerk haben: Wird Shampoo und Haarspülung verwendet, muss man penibel darauf achten, dass beides sehr gründlich aus dem Fell heraus gespült wird, um Shampooreste im Fell zu vermeiden. Diese Reste können dafür sorgen, dass die Haut anfängt zu jucken und sich entzündliche Stellen auf der Haut bilden, was wiederum einen Tierarztbesuch nach sich ziehen wird.

Ein weiterer Aspekt ist der, dass insbesondere darauf geachtet wird, dass kein Tropfen Shampoo oder Spülung in die sehr empfindlichen Augen des Shiba Inu kommt. Vor allem die Augen der Shiba Inus können sehr schnell und leicht gereizt werden. Aus diesem Grund sollte man auch nie die Dusche dem Hund in sein Gesicht halten, um eventuell Shampooreste abzuwaschen. Man kann mit der Hand vorsichtig den Schaum aus dem Gesicht abwaschen oder ganz sanft einen Strahl Wasser aus einer Flasche über die Stelle im Gesicht laufen lassen. So kann man auch sichergehen, dass kein Wasser in den Gehörgang einfließt, wo es meist noch größeren Schaden anrichten kann, als bei den Augen.

Bei warmen Temperaturen kann sich der Shiba draußen einfach trocken laufen. Bei kälteren Temperaturen kann man seinen Hund entweder sehr behutsam föhnen oder auch trocken rubbeln. Danach ist es sinnvoll, das Fell mit einer Bürste oder einem Kamm durchzukämmen, um Knötchenbildung und Verfilzung zu verhindern.

Die Ohrenpflege

Die Ohren sind nicht ganz so empfindlich wie die Augen, aber auch sie brauchen eine gründliche und regelmäßige Pflege. Dies kann man nach jedem Bürsten gleich mit erledigen. Für die Reinigung der Ohren gibt es gleichfalls spezielle Ohrenreiniger, die man sich kaufen kann. Die

Produkte werden vorsichtig ins Ohr hinein geträufelt. Nach einer gewissen Einwirkzeit lässt sich so Ohrenschmalz und festsitzender Schmutz gut entfernen. Für die Reinigung kann man Wattestäbchen benutzen, aber es ist wirklich Vorsicht geboten, um Verletzungen des Innenohres zu vermeiden. Am besten vollführt man die Reinigung zu zweit, damit einer den Kopf des Shiba Inu festhalten kann und der Hund nicht während der Reinigung anfängt, mit dem Kopf zu schütteln. Die Ohren sollte man wirklich nur dann reinigen, wenn sie stark verschmutzt sind, ansonsten sollte man sie in Ruhe lassen. Haben die Hunde einen starken Juckreiz in den Ohren oder ist ein anderweitiges Problem in den Ohren, merkt man ihnen das sehr schnell an. Sie schütteln ständig den Kopf oder kratzen sich mit der Pfote an den Ohren, um den Juckreiz zu lindern. Hilft dann auch die Reinigung nicht wirklich, muss der Tierarzt aufgesucht werden, um sich das Problem genauer anzusehen. Gleiches gilt auch, wenn aus den Ohren ein dunkles und übelriechendes Sekret abgesondert wird. Er kann mit einem Otoskop tief ins Ohrinnere hereinschauen und hat die nötigen Geräte, um Grannen oder größere, eingedrungene Teile herauszuholen. Sollte es ausnahmsweise dazu kommen, dass die Haare in die Ohren hineinwachsen, kann man sie entfernen, indem man sie mit den Fingern oder mit einer speziellen Haar-Zupf-Zange herauszieht. Keinesfalls sollten die Haare in den Ohren abgeschnitten werden. Es besteht dann die Gefahr, dass die abgeschnittenen Haare in den Gehörgang gelangen und dort für eine Verstopfung sorgen.

Die Zahnpflege

Die meisten Hunde haben das Problem, dass sich mit der Zeit Karies und Zahnstein bildet. Auch dem Shiba Inu kann es so ergehen, wenn die Zähne nicht gereinigt werden. Um dem entgegenzuwirken, ist ein tägliches Zähneputzen schon nötig. Hierfür verwendet man eine normale Kinderzahnbürste, da diese besonders feine und weiche Borsten haben oder man nutzt eine extra für Hunde entwickelte Hundezahnbürste. Genauso gibt es auch Fingerlinge, die schon mit einer Anti-Plaque-Lösung präpariert sind. Man streicht dann mit dem Finger über die Zähne des Hundes und kann auf diese Weise Zahnbelag entfernen. Am leichtesten ist es, wenn der Shiba-Welpe so früh als möglich an das Zähneputzen gewöhnt wird und er so lernt, sein Maul zu öffnen. Auch für tierärztliche Untersuchungen kann das sehr hilfreich sein. Hartnäckiger Zahnbelag, der nicht entfernt wird, kann auch schwere Entzündungen des Zahnfleischs hervorrufen, die dann beim Tierarzt behandelt werden müssen.

Abbildung 11 Zahnpflege ist auch bei Hunden wichtig

Die Pfotenpflege

Auch die Pfoten des Lieblingstiers müssen immer dauerhafte Belastungen aushalten. Wie wir Menschen auch, stehen sie darauf und bewegen sich mit ihnen – nur ohne Schuhe. Aus diesem Grund benötigen sie ebenfalls eine penible Pflege: Sie müssen kontrolliert und gesäubert werden. Bei den Shiba Inus kommt hinzu, dass in einem regelmäßigen Turnus die Haare an den Pfoten und zwischen den Ballen gekürzt werden müssen, damit keine Entzündung entstehen kann. Die Shiba Inus haben im Gegensatz zu anderen Hunderassen sehr dichtes Fell um das gesamte Bein. Nach jedem Spaziergang sollte man daher kurz die Pfoten ansehen, ob sich Steinchen, Dornen oder gar Splitter in den Ballen befinden.

Dann müssen Splitter, Schmutz oder Dornen umgehend entfernt werden. Ein weiteres Problem kommt für die zarten Pfoten im Winter hinzu: Eis und Streusalz lassen die Pfoten oft rissig werden, was den Tieren sehr weh tun kann. Doch auch im Sommer, wenn es sehr heiß und der Asphalt aufgeheizt ist, können sich die Hunde die Pfoten gewissermaßen verbrennen. Für derartige Umstände gibt es besondere Pfotenschoner, die aus Stoff hergestellt sind. Sie werden den Hunden praktisch wie Schuhe angezogen und festgemacht. Auch spezielle Cremes, Tinkturen und Salben, die im Handel angeboten werden, bieten einen ausreichenden Schutz. Da bei den Shiba Inus das Fell bis in den Zwischenraum der Pfotenballen wächst, hat der Hund einen unsicheren Halt. Um die Rutschgefahr zu minimieren, müssen diese Haare in regelmäßigen Abständen gekürzt werden.

Hin und wieder ist es auch notwendig, die Krallen bei seinem Hund zu schneiden. Allerdings ist dies nur nötig, wenn sich der Hund nicht auf natürlicher Weise die Krallen genügend abwetzen kann. Hört man beim Laufen des Hundes auf einem glatten Boden (Fliesen), dass es „klackert", dann ist es Zeit, die Krallen entweder selber zur kürzen oder sie von einem Fachmann kürzen zu lassen. Doch wichtig ist es, sich im Vorfeld von einem Fachmann beraten und sich zeigen zu lassen, wie die richtige Technik ist, bevor man sich selber an das Krallenschneiden heranwagt. Zu schnell hat man eine Kralle zu kurz geschnitten und verletzt dadurch die Nerven oder die Blutgefäße. Shiba Inus mit einer hellen Fellfarbe haben den Vorteil, dass auch die Krallen eine helle Farbe haben und die Blutgefäße gut sichtbar sind.

Typische Krankheiten

Der Shiba Inu gilt als eine sehr robuste Hunderasse, welche bis heute kaum Erbkrankheiten oder Ähnliches aufweist. Auch gegen bekannte oder alltägliche Hundeleiden ist diese Rasse fast immun und somit sehr pflegeleicht.

Jedoch neigen Shiba Inus zu Augenkrankheiten, wie dem Grünen oder Grauen Star. Hierbei handelt es sich um eine Vermilchung der Linse im Auge, was bis zur Blindheit führen kann. Jedoch ist beides durch eine ambulante Operation wieder zu beheben.

Zudem bringt diese kleine Hunderasse die etwas untypische Veranlagung für **Hüftgelenksdysplasie**. Hierbei handelt es sich um eine Erbkrankheit, die normalerweise eher normale bis große Hunderassen betrifft. Dabei rutscht dem Tier das Hüftgelenk bei falschen Bewegungen aus der Gelenkpfanne und findet unter Umständen den weg nicht wieder allein zurück. Diese Erkrankung kann in verschiedenen Schweregraden vorkommen. Sie entwickelt sich in der Wachstumsphase des Hundes oder auch erst danach. Wenn Sie diesem Risiko vorbeugen wollen, bietet sich bereits früh gelenkentlastender Hundesport an. Auch eine artgerechte und naturnahe Ernährung unterstützt dabei die gesunde Entwicklung des Shiba Inus.

Die zweite auftretende Erbkrankheit ist die Patellaluxation, welche ein Problem mit der Kniescheibe beschreibt. Hier sind besonders kleine Hunderassen betroffen und die Krankheit entwickelt sich im ersten Lebensjahr. Die Erkrankung ist so stark mit der Vererbung verbunden, dass Sie für viele Tiere das aus in der Zucht bedeutet. Bei dem Patellaluxation reißt die Kniegelenkkapsel ein wenig ein und der Streckmechanismus des Beins funktioniert nicht mehr richtig. Dies ist an der veränderten Gangart des Hundes zu erkennen: Er läuft ein paar Schritte normal, humpelt dann ein wenig, um eines seiner Beine vollständig entlasten zu können. Danach folgen wieder ein paar normale Schritte. Diese Erkrankung bedeutet für den Hund starke Schmerzen und ein Verlust an Lebensqualität.

Dennoch hat auch der Shiba Inu mit normalen Problemen eines Hundes zu kämpfen. Hier gibt es einige Punkte, auf die Sie achten können. Alle hier angegebenen Tipps sind jedoch niemals ein Ersatz für einen Besuch beim Tierarzt und dienen lediglich der Orientierung. Die Befolgung der Ratschläge ist zudem nur zu empfehlen, wenn Sie Ihren Hund bereits kennen und einschätzen können!

Fieber beim Hund – Fieber beginnt bei einem Hund bei ca. 39 Grad, da die normale Körpertemperatur zwischen 37,5 und 38,5 Grad liegt. Berücksichtigen Sie dabei, dass die Temperatur abends höher liegt als morgens und so eher morgens gemessen werden sollte. Welpen und junge Hunde haben zudem noch eine höhere Temperatur als erwachsene Hunde. Fieber messen kann man hier jedoch nur mit einem Rektalthermometer.

Anzeichen, dass Ihr Hund eine erhöhte Temperatur hat, sind warme Ohren, ein trockener Nasenspiegel und die glänzenden Augen bekommen einen matten Ausdruck.

Fieber ist immer ein Anzeichen für eine bakterielle Infektion. Hier greift das Immunsystem des Tieres von allein ein. Sie sollten nicht versuchen, es zu senken. Der Hund wird von sich selbst aus nach einem kühlen Platz, wie etwa ein Fliesenboden, suchen. Sie sollten jedoch auf genügend Wasser achten, da der Hund bei Fieber wie ein Mensch schwitzt und Flüssigkeit verliert. Bereits nach 30 Minuten kann sich die Temperatur um einen halben Grad senken. Wenn das Fieber länger als 24 Stunden anhält und ein allgemeines Unwohlsein bei dem Tier auftritt, sollten Sie dringend einen Tierarzt aufsuchen.

Durchfall – Durchfall und Erbrechen gemeinsam sind Anzeichen für eine schwere Infektionskrankheit oder eine Vergiftung. Durchfall an sich kann eine leichte nervöse Störung des Tieres bedeuten, kann aber ebenfalls die Folge einer Unverträglichkeit des Futters sowie einer Überfressung sein. Wenn neben dem Durchfall keine weiteren Symptome auftreten, können Sie den Hund für 24 Stunden nicht füttern und beobachten, ob er sich besser fühlt und der Durchfall nachlässt. Das kann auch bei einer Umstellung auf die barfe Ernährung passieren.

Versuchen Sie nicht, mit Mitteln wie Aktivkohle den Stuhl künstlich anzudicken. Diese Maßnahme kann verhindern, dass Sie ernsthafte Verschlimmerungen nicht erkennen, gleichsam kann es auch zu Verstopfung führen. Der eintretende Flüssigkeitsverlust kann durch das Angebot von Wasser ausgeglichen werden. Möglich ist aber auch eine Fütterung mit Kamillen- oder Fencheltee, gesüßt mit ein wenig Honig. Diese Mischung wird löffelweise an den Hund gefüttert. Durchfall kann jedoch zu einem Verlust von wichtigen Mineralstoffen im Körper führen und so ein allgemeines Unwohlsein des Hundes nach sich ziehen. Suchen Sie auch hier bei einem Anhalten von über 24 Stunden dringend einen Tierarzt auf.

Erbrechen – Erbrechen ist bei Hunden nicht selten. Sie fressen nahezu alles, was Sie in ihr Maul bekommen, so auch gerne einmal Bioabfälle oder vielleicht Reste aus einer

Mülltonne in der Nachbarschaft. Infolgedessen kann es zu einer übertriebenen Nahrungsaufnahme kommen, welche den Magen durcheinander bringt, ebenso wie eine Unverträglichkeit. Lassen Sie auch hier Ihren Hund 24 Stunden fasten, sodass sich der Darmtrakt komplett entleeren kann und wieder beruhigt. Hier sollten Sie auf einen immer gut gefüllten Wassernapf achten, um den Hund dabei zu unterstützen.

Übermäßiges Trinken – Hunde trinken im Allgemeinen sehr viel, da sie die Flüssigkeit für den Darm und das Gewebe brauchen. Beobachten Sie Ihr Tier, um ein Gefühl dafür zu bekommen, welche Menge an Wasser normal ist. Wenn ein Hund spontan beginnt, über seine Maße hinaus zu trinken, spricht das in den meisten Fällen für eine schwere innere Erkrankung, wie etwa eine Nierenentzündung. Warten Sie hier keinen Tag, sondern suchen Sie möglichst sofort einen Tierarzt auf!

Hautverletzungen – Hautverletzungen kommen bei Hunden oft vor, besonders, wenn Sie viel draußen sind und auch im Wald bei einem Spaziergang im Unterholz spielen.

Kleine Verletzungen – Kleine Schrammen kommen gerade bei jungen Tieren häufig vor. Desinfizieren Sie die Wunde zum Beispiel mit Kamillentee und beobachten Sie das Ganze.

Größere Verletzungen – Solche Verletzungen können verschiedene Ursachen haben, wie etwa Folgen von spielerischen Kämpfen unter Hunden, aber auch von Angriffen von Katzen. Somit können diese Wunden infiziert sein und Sie sollten damit zum Tierarzt gehen, um Blutvergiftungen auszuschließen. Vor allem Verletzungen am Hals, Kopf und Rücken sind dabei besonders zu beobachten, damit gegebenenfalls vorherrschende Infektionen keine weiteren Hautschichten befallen und sich ausbreiten können.

Insektenstiche – Diese können unter Umständen zu schweren allergischen Reaktionen führen, besonders, wenn Sie nicht wissen, von welchem Insekt der Stich stammt. Stiche im Maul oder in der Rachengegend können auf eine Jagd nach Bienen oder Wespen hindeuten und sollten umgehend von einem Tierarzt untersucht werden. Aufkommende Schwellugen im Mund- und Rachenbereich können so ansonsten zu Sauerstoffproblemen führen.

Haarausfall – Bei Haarausfall müssen Sie sich im Schnitt keine Gedanken machen, denn Hunde verlieren täglich viele Haare, bei manchen fällt es eher auf als bei anderen. Gerade während des Fellwechsels kann dies nach einer beunruhigend großen Menge im Staubsauger aussehen. Wenn außerhalb dieser Zeit viele Haare verloren werden, können Sie von einem Problem beim Haarwachstum ausgehen. Dies ist meist mit einem Ernährungsproblem oder einer Nährstoff-mangelerscheinung zu begründen. Dabei bekommt der Hund nicht alle nötigen Nährstoffe durch das angebotene Futter. Gerade beim Shiba Inu kann das passieren, weswegen an dieser Stelle noch einmal auf die gesunde, naturnahe BARF-Ernährung hingewiesen sei. Wenn der Haarausfall darauf zurückzuführen ist, dass Ihr Hund sich viel kratzt, liegt die Ursache meist bei Flöhen im Fell. Diese zu erkennen ist nicht schwierig. Hier sorgen Flohshampoos oder Flohhalsbänder für Abhilfe. Dennoch empfehlen wir einen Besuch beim Tierarzt, der durch zusätzliche Tropfen oder Arzneimittel weiterhelfen kann.

Hinken bei jungen Hunden – Welpen und junge Hunde sind meist energiegeladene kleine Wesen, welche sich durchaus rau mit ihren Artgenossen vergnügen. Zudem überfordern manche Besitzer ungewollt ihre Tiere mit sehr langen Spaziergängen, um diese Energie abzubauen. Wenn der Hund nun beginnt, zu hinken, liegt dies meist an einer Verletzung des Ballens. Untersuchen Sie die Ballen auf kleine Schnittverletzungen und streichen Sie vorerst die Spielstunde mit anderen Hunden. Innerhalb von zwei bis vier Tagen sollten diese Ballenprobleme von allein verheilen. Falls es zu Schwellungen oder Eiterbildung kommt, müssen Sie einen Tierarzt zur Abklärung und weiteren Behandlung konsultieren.

Viele Junghunde entwickeln dieses Problem zudem in den ersten vier bis neun Monaten ihres Lebens. Dabei muss keine Ballenverletzung zugrunde liegen. Das starke Wachstum in dieser Zeit kann zu Problemen bei Knorpelbildungen oder zur Überbeanspruchung von Gelenken führen. Die Gelenkknorpel der Epiphysenfuge sind zu dieser Zeit des Wachstums (nachdem der Hund ausgewachsen ist nicht mehr) mit Blutgefäßen durchzogen. Dies schränkt die ohnehin geringe Auslastungskraft der Knorpel zusätzlich ein. Machen Sie sich deswegen nicht sofort Sorgen, wenn diese Problematik bei Ihrem Tier auftreten sollte, und konsultieren Sie einen Tierarzt! Dieser kann Ihnen dabei weiterhelfen, wie die Behandlung richtig angegangen wird.

Schlusswort

Der Shiba Inu ist eine kleine, lebhafte Hunderasse, die in Ihrem Leben für einige Veränderungen sorgen wird. Dennoch ist die Loyalität dieser Hunde ihrem Rudelführer gegenüber nahezu einmalig. Wenn Sie einmal eine intensive Beziehung aufgebaut haben, gewinnen Sie einen Freund fürs Leben. Auch wenn viele erfahrene Züchter von einem Shiba Ibu für Neulinge abraten, ist das durchaus zu bewältigen und es wird Ihnen viel Freude bereiten.

Der Shiba Inu ist dabei alles in allem nicht so anspruchsvoll, sondern ein pflegeleichter, geruchsarmer Zeitgenosse. Die Haltung gestaltet sich in jedem Umfeld relativ simpel, die Fellpflege verlangt Ihnen kein tägliches Bürsten ab und das Tier kuschelt ebenso gerne, wie es auch einmal seine Ruhe haben möchte. Bei der Ernährung kommt wohl der einzige kleine Haken auf Sie zu, denn die Fütterung durch naturnahe Essensoptionen ist nicht ganz günstig und braucht ein wenig Erfahrung und Zeit. Damit holen Sie jedoch in allen Bereichen das Beste für das Leben Ihres Shiba Inus heraus.

Hoffentlich konnte dieser Ratgeber Sie bei der Entscheidung, sich einen Shiba Inu anzuschaffen, unterstützen. Sie sollten sich nun sicherer sein, was das zukünftige Leben mit einem Hund anbelangt. Auch die Neulinge konnten hoffentlich gut abgeholt werden, indem grundsätzliche Fragen und Fakten, aber auch die typischen Symptome für die häufigsten Krankheiten geklärt wurden.

Zum Schluss bleibt nur noch, Ihnen viel Freude mit Ihrem neuen Weggefährten, dem Shiba Inu, zu wünschen!

Über diese Reihe: Mein Hund fürs Leben

Dies ist der sechste Band einer Reihe von kompakten, lebensnahen Ratgebern zum Thema Hundeerziehung. Die einzelnen Rassen werden von Autoren vorgestellt, die sich durch langjährige Erfahrung und durch Liebe zum Hund auszeichnen. Wir wünschen Ihnen viele schöne und entspannte Jahre mit Ihrem Vierbeiner!

Über eine positive Bewertung auf Amazon würden wir uns freuen!

SO TRAINIERST DU DEINEN HUND

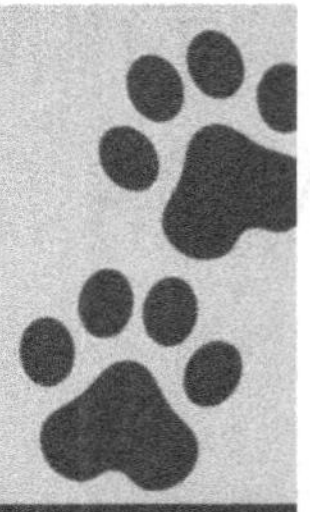

EIN ZIEL NACH DEM ANDEREN

Gib deinem Hund Zeit sich zu fokussieren

KLAR KOMMUNIZIEREN

Verwende klare Hinweise und Gesten

BELOHNE RICHTIG

Motiviere deinen Hund mit Snacks & Leckerlis

ÜBE REGELMÄSSIG

Wiederholung ist wichtig

MACH ES JEDEN TAG

Gib dem Hund Zeit für Ruhe

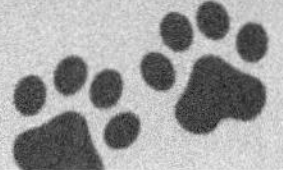

DAS WELPENPROJEKT

So kümmern Sie sich um Ihren neuen Hund.

1 BEQUEMES HUNDEKÖRBCHEN BESORGEN

Ihr vierbeiniger Freund braucht ein weiches und bequemes Bett zum schlafen.

2 STELLEN SIE LECKERES HUNDEFUTTER BEREIT

Kaufen Sie qualitativ hochwertiges Hundefutter in Ihrem Tierladen vor Ort und lesen Sie die Anweisungen auf der Verpackung.

3 GEHEN SIE MIT IHREM HUND SPAZIEREN

Gehen Sie mit Ihrem Vierbeiner in den Park oder erkunden Sie gemeinsam Ihre Nachbarschaft.

4 GEBEN SIE IHREM HUND EIN PAAR LECKERCHEN

Ihr Hund hat sich ein Leckerchen verdient, insbesondere dann, wenn er gehorcht.

5 REGELMÄSSIGE TIERARZTBESUCHE

Stellen Sie sicher, dass Ihr Fellfreund stets gesund und munter ist.

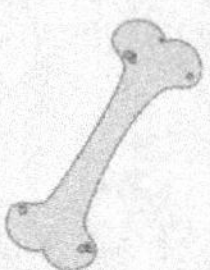

TIPPS FÜR DIE HAUSTIERPFLEGE

So wirst du ein besserer Besitzer

Gib Futter und Wasser.

7:00 Uhr

Lass das Tier aus dem Haus, um sein Geschäft zu verrichten.

7:30 Uhr

Lass das Tier ein Nickerchen machen.

10:00 Uhr

Geh mit ihm spazieren.

16:00 Uhr

Gib ihm Abendessen.

18:00 Uhr

Quellen

Foerster, M./Reukewitz, F. (k. A.): Shiba Inu Hundeerziehung und Beschäftigung. In: shiba-inu-freunde.de. URL: https://www.shiba-inu-freunde.de/shiba-inu-hundeerziehung.html [letzter Aufruf 01.12.2020]Funk, Holger (2018): Herkunft & Geschichte. In: shibaclub.de. URL: https://www.shibaclub.de/der-shiba/24-herkunft-geschichte.html [letzter Aufruf 01.12.2020]

Menne, Silke (k. A.): Shiba Inu. In: tierchenwelt.de. URL: https://www.tierchenwelt.de/haustiere/haustier-hund/2559-shiba-inu.html [letzter Aufruf 01.12.2020]

Meyer, Christoph (2020): Shiba Inu Welpen. In: welpenknigge.de. URL: https://welpenknigge.de/rassen/shiba-inu-welpen/ [letzter Aufruf 30.11.2020]

MH Online Media GmbH (2020): Shiba Inu Steckbrief. In: mein-haustier.de. URL: https://www.mein-haustier.de/hunderassen/shiba-inu/ [letzter Aufruf 01.12.2020]

Oberberg-Online Informationssysteme GmbH (k. A.): Shiba Inu. In: tierfreund.de. URL: https://www.tierfreund.de/shiba-inu/ [letzter Aufruf 30.11.2020]

Quinta Digital GmbH (2020): Rasseporträt Shiba Inu. In: haustiermagazin.com. URL: https://www.haustiermagazin.com/hunderassen/shiba-inu/ [letzter Aufruf 30.11.2020]

tierchenwelt.de (2019): Ist ein Shiba Inu der richtige Hund für mich? 14 Fakten über Shiba Inus!. In: youtube.com. URL: https://www.youtube.com/watch?v=Pj81CnsN_UE [letzter Aufruf 30.11.2020]

Jung, Christoph (2017): Shiba Inu im Rasseportrait. In: zooroyal.de. URL: https://www.zooroyal.de/magazin/hunde/shiba-inu-im-rasseportrait/ [letzter Aufruf 01.12.2020]

Verein akademisch geprüfter KynologInnen (2014): Was versteht man unter dem Begriff Kynologie?. In: kynologie.at. URL: https://www.kynologie.at/was-ist-kynologie.html [letzter Aufruf 30.11.2020]

Schönemann, Heiko (2020): Fachbegriffe rund um den Hund. In: hundeinfos.de. URL: https://www.hundeinfos.de/index.php?status=tippsundtricks&sub=&id=13&s=2 [letzter Aufruf 01.12.2020]

futalis GmbH (k. A.): Shiba Inu - Rassemerkmale. In: futalis.de. URL: https://futalis.de/hunderatgeber/hunderassen/mittelgrosse-hunde/shiba-inu/rassemerkmale [letzter Aufruf 30.11.2020]

Paschoud, J.-M. (2018): Shiba. In: fci.be. URL: http://www.fci.be/Nomenclature/Standards/257g05-de.pdf [letzter Aufruf 01.12.2020]

De Clercq, Y. (k. A.): Rassennomenklatur der FCI: SHIBA. In: fci.be. URL: http://www.fci.be/de/nomenclature/SHIBA-257.html [letzter Aufruf 30.11.2020]

mydog365 GmbH (k. A.): Shiba Inu Welpen. In: welpen-liebe.de. URL: https://www.welpen-liebe.de/rassen/shiba-inu-welpen/ [letzter Aufruf 30.11.2020]

Meyer, Christoph (2020): Welpenschule. In: welpenknigge.de. URL: https://welpenknigge.de/erziehung/welpenschule/ [letzter Aufruf 30.11.2020]

Miesl, Steffi (2020): Ernährung eines Akitas / Shibas. In: akita-inu-welpen.com. URL: https://www.akita-inu-welpen.com/index.php?id=100 [letzter Aufruf 30.11.2020]

SEITZ HEIMTIERNAHRUNG GmbH & Co. KG (2019): BARFEN für Anfänger – So geht's. In: seitz-barf.de. URL:

https://seitz-barf.de/barfen-fuer-anfanger/ [letzter Aufruf 01.12.2020]

SEITZ HEIMTIERNAHRUNG GmbH & Co. KG (2019): Futterrechner. In: seitz-barf.de. URL: https://seitz-barf.de/futterrechner/ [letzter Aufruf 01.12.2020]

Foerster, M./Reukewitz, F. (k. A.): Das beste Shiba Inu Welpen Futter. In: shiba-inu-freunde.de. URL: https://www.shiba-inu-freunde.de/shiba-inu-welpen-futter [letzter Aufruf 01.12.2020]

Hammerschmidt, Dominik (k. A.): Shiba Inu. In: hunde-info.de. URL: https://www.hunde-info.de/hunderasse-shiba-inu-253.html [letzter Aufruf 01.12.2020]

Koch, Daniel (2020): Die Patellaluxation beim Hund. In: hundeherz.ch. URL: https://www.hundeherz.ch/fachbeitrag/patellaluxation-beim-hund [letzter Aufruf 01.12.2020]

MERA Tiernahrung GmbH (2020): Hüftgelenksdysplasie beim Hund. In: merapetfood.com. URL: https://www.mera-petfood.com/de/hund/ratgeber/hueftgelenksdysplasie/ [letzter Aufruf 01.12.2020]

Der Shiba Inu 柴犬 rund um.
Erziehung und Leben mit dem japanischen Vierbeiner.
© Copyright 2020

Independently published

ISBN: 9798576464968

M. Mittelstädt
Curt-Goetz-Str 23
06132 Halle

www.ingramcontent.com/pod-product-compliance
Lightning Source LLC
Chambersburg PA
CBHW072013150726
47999CB00002B/643